KB239456

자영업뎐 傳

당신을 위한 창업 선행학습

자영업뎐傳

초판 1쇄 인쇄 2016년 8월 3일
초판 1쇄 발행 2016년 8월 8일

지은이 박주민

펴낸이 강기원
펴낸곳 도서출판 이비컴

디자인 김수미
마케팅 양경희, 박선왜

주소 서울시 동대문구 천호대로81길 23 수하우스 201호
전화 02)2254-0658 **팩스** 02-2254-0634
메일 bookbee@naver.com
출판등록 2002년 4월 2일 제6-0596호

ISBN 978-89-6245-127-6 13320

© 박주민, 2016

책 값은 뒤표지에 있습니다.
파본이나 잘못 인쇄된 책은 구입하신 서점에서 교환해드립니다.

「이 도서의 국립중앙도서관 출판예정도서목록(CIP)은 서지정보유통지원시스템 홈페이지
(http://seoji.nl.go.kr)와 국가자료공동목록시스템(http://www.nl.go.kr/kolisnet)에서
이용하실 수 있습니다.(CIP제어번호: CIP2016018019)」

자영업傳

당신을 위한 창업 선행학습 樂

박주민 지음

이비락樂

2015년 새해 어느 날 우연히 나는 아래의 기사를 접할 수 있었다.

한국에서 가장 불행한 사람은 자영업에 종사하는 40대 대졸 이혼남
이며 제일 행복한 사람은 전문직에 종사하는 20대 미혼 여성이라는
조사 결과가 나왔습니다. 서울경제 2015년 1월 7일자 현대경제연구원 '경제적 행복 추이 보고서'

"뭐야, 이거 나잖아. 우와, 기분 되게 우울해지네. 그럼 내가 한국에서
공식적으로 가장 불행한 사람이라는 거야?"

그런데 얼마 후, 진짜로 우울한 상황이 찾아왔다. 물론 경제적 행복추
이라는 단서가 붙긴 했지만 말이다. 이른 아침 나의 일터인 자그마한 카
페에서 이 기사를 접한 후, 공교롭게도 한동안 손님이 들어오지 않았다.
사실, 이런 현상이 그해 들어 종종 있었기 때문에 여간 불안한 것이 아

니었다. 오랜 직장생활을 뒤로하고 2010년에 창업한 나의 로스터리 카페(커피를 매장에서 직접 볶아 판매하는 커피숍)는 그렇게 우울한 기사를 옹호라도 하듯 내내 조용한 오전을 지키고 있었다.

2015년 12월, 이 글을 쓰기 시작한 겨울. 나는 진지하게 폐업을 고려하고 있었다. 창업한 지 6년만이다. 폐업. 듣기만 해도 뭔가 어감이 썩 유쾌하지 않은 말이다. 물론, 폐업의 이유는 다양하다. 누구는 병이 들어서, 재미가 없어서, 이민을 가야해서 등등…. 그러나 아마도 대체적인 이유는 장사가 안되서, 소위 돈이 안되서일 것이다. 나 역시 그 이유에서 자유롭지 않았기에 폐업을 고려했던 것이다. 그 기준은 사람마다 다르겠지만 아무리 자기가 좋아하는 일이라 할지라도 생계에 위협을 받는 수준이라면, 폐업은 불가피 한 것이다. 그러나 아이러니하게도 내가 폐업을 고려 한 순간, 갑자기 손님도 많아졌고 무엇보다 일이 더 재미있었다. 한 가지 꼭 말하고 싶은 건 폐업도 하나의 사업상의 사이클일 뿐이라는 것이다. 폐업은 결코 부끄러워하거나 실망스러워 할 일이 아니다. 또 다른 시작을 위한 준비과정으로 삼아야 한다.

이쯤 되면 독자들은 이 사람이 무슨 커피나 카페관련 흥망성쇠를 다루려나보다 생각할 것이다. 맞기는 맞다. 다만 한 가지를 덧붙인다면, 그것은 바로 어쩌다보니 대한민국에서 가장 불행한 사람으로 분류된 나의 스토리를 통해 세상과 소통하고자 한다는 것이다. 답답한 현실을 마주하고 한탄만 하고 싶지는 않았기 때문이다. 사실, 인간은 누구나 오롯이

평등하게 그리고 완벽하게 지음 받았다. 조금만 관심을 가지고 상식적으로 공부해보면 누구나 알 수 있는 진리다. 우리는 이러한 말들을 다양한 종교나 수행 단체 등에서 자주 들어오며 살아왔을 것이다. 그러나 이 말에 거의 대부분의 사람들이 "현실적으로"라는 단서를 달며 그렇게 달가워하지 않음을 난 잘 알고 있다. 금수저, 은수저, 동수저라는 말들이 이를 잘 대변해 준다. 안타깝지만 예외는 거의 없다. 고상한 척 살지만 그 사는 모습을 조금만 관찰해보면 다른 사람들과 별반 차이가 없다. 내가 카페를 해보니 내게도 이런 목소리가 들려온다.

"아! 만일 내가 건물주의 아들이었다면…."

언제부터인가 이 사회의 구조는 자그마한 카페 하나 정상적으로 운영하는 데에도 너무나 많은 대가를 요구한다. 한마디로 너무 많은 사람들이 창업시장으로 몰려 들어온 탓에 제대로 된 영업운영이 불가능해 지고 있다. 이런 말 뒤에 단골처럼 등장하는 말이 또 있다.

"안 되는 데는 다 이유가 있다. 되는 곳은 된다."

잘하고 있는 사람들에게조차 일종의 꾸지람으로 들려오는 훈계 아닌 훈계에 가끔은 빈정이 상하곤 한다. 100m 달리기대회에 참여한 사람 100명 중 10등까지만이 결선에 진출 할 수 있다면서 그 이하는 아예 선수취급도 안 한다는 격이다. 동의하지 않을지도 모르겠지만 이것이 현실이다. 장사가 잘되는 데도 폐업을 고려해야 한다는 것이다.

　내 기억에 성공, 실패 혹은 후회 등의 스토리를 다룬 책은 자주 봤지만, 폐업을 고려하면서 쓴 책을 본 적은 없다. 그런 책이 있었다면 좀 더 냉정하게 카페를 준비했거나 애당초 시작하지 않았을 듯도 하다. 후회를 한다는 뜻이 아니다. 남 탓을 하자는 건 더더욱 아니다. 누구에게는 아예 시작하지 않는 게 좋을 수도 있기 때문이다. 마치 교과서처럼 무조건 하면 된다는 식의 성공스토리들은 생각보다 많은 사람들을 아프게 할 수 있다. 또 이렇게 반문하는 경우도 있겠다.

"할 게 없는데 그럼 놀아야 하나요? 오죽했으면 창업했겠습니까?"

　하고 말이다. 결론부터 말하면 그런 마인드로 할 거라면 단언컨대, 하면 안 된다. 한국 사회에서 그런 식으로 자영업을 시작하는 것은 가급적 피해야 한다. 아니 절대, 하지 말아야 한다. 모든 성공과 실패 사례 등은 너무도 상대적이어서 읽을 때는 좋은데 막상 내가 처한 조건이나 상황에 적용하면 맞지 않는 경우가 태반이기 때문이다.

　우리 사회는 아직도 상위그룹에 관한 스토리(파레토 법칙에 의거 8:2중 2에 해당하는 앞서가는 리더그룹)가 주를 이루는 듯하다. 그러나 실제로는 우리 주변에 각각의 필드에서의 11등, 21등, 31등의 준수한 선수들이 참 많다. 그런 준수한 선수들이 어쩔 수 없이 다음 기회조차 기약하지 못한 채 형장의 이슬처럼 자영업 시장에서 사라져야 하는 현실 앞에서, 누가 창업을 한다고 하면 도시락을 싸들고 다니며 말리고 싶은 심정이 되곤 한다.

나는 커피를 하는 사람이다. 내 생각에 나는 파레토 비율 8중에서도 중간쯤에 위치한 사람이다. 겸손도 아니지만 비굴도 아니다. 어디까지나 내 기준으로 8에 속한 나의 현실적이고도 피부에 와 닿는 솔직한 이야기를 해보고 싶었다. 다들 자기는 8이라 하지만 잘들여다보면 2에 가까운 사람들의 스토리가 대형서점 창업코너에 즐비하다. 물론 8이 결국엔 2가 되는 구조도 있다. 그래서 아름답다. 처음부터 2는 많지 않을 테니까 말이다. 누군가는 또 내게 똑같은 방식으로 비판을 할 수도 있다.

"당신이 무슨 8이야?"

하며 말이다. 아무래도 상관은 없다. 그래서 미안하지만 나의 이야기는 특별하지 않다. 2의 스토리를 기대한 분들에겐 그저 죄송할 뿐이다.

올해로 내 나이 46세. 저녁마다 운동하는 헬스클럽엔 20대 대학생들이 주를 이룬다. 직간접적으로 들려오는 그들의 한숨소리 뒤로 취업의 어려움, 미래에 대한 불안감에 탄식하는 젊음을 본다. 그런 그들을 보면서 어느덧 기성세대가 되어버린 스스로를 발견하며 그들에게 미안한 마음이 들곤 했다. 내가 이런 힘든 사회를 만든 여럿 중에 하나일 수 있겠다는 생각이 든다. 그렇다면 내가 나 자신을 위해 또 사회를 위해 할 수 있는 게 무엇이 있을까를 곰곰이 생각해 보았다. 나를 포함한 지금의 젊은 세대들이 더 활기차고 행복한 삶을 살기위해 작으나마 내가 잘 할 수 있는 일을….

결론은 목소리를 내는 것이었다. 한마디로 떠들고 다닐 사람이 좀 필요하다는 생각이었다. 정도의 차이는 있겠지만 오늘날 자영업 시장은(여기선 커피숍을 위주로 이야기하지만) 한마디로 아수라장이다. 직장을 다닐 땐 '이놈의 직장 언젠가 내가 멋지게 큰소리치며 사표 쓰고 나온다' 했다. 그런데 자영업을 하니 그런 다짐마저 무색해진다. 속으로 삭힐대로 삭히며 어디다 하소연 할 데도 없다. 치킨집이고 피자집이고 너나 할 것 없이 힘들다보니 다들 냉소적이기만 하다. 바쁘다. 여유가 없다. 상가임대차보호를 받지 못해 길거리에 나 앉아도, 목숨 걸고 싸워야만 이길 똥 말 똥 하는 현실. 그 정도는 돼야 겨우 PD수첩에서 다뤄주곤 한다. 왜 꼭 그 지경까지 가야만 하나. 정말이지 남의 일이 아니다. 안타깝다. 그래서 이 책은 앞으로 직장에서 나오셔야만 하는 분들, 현재 창업을 준비 중이거나 폐업을 고려하는 분들, 현실을 아직 제대로 인지하지 못한 예비창업자들이 상황을 인식하고 공감할 수 있기를 바라는 마음으로 썼다. 바라건대, 이 책을 계기로 많은 분들과 연락이 닿기를 바란다. 더 많은 곳을 돌아다니며 더 많이 듣고 교감하며 소통하고 싶다. 그래서 함께 우리의 살길을 모색하고 싶다. 이 책을 쓰는 궁극적인 이유다. 아울러 나와 같은 40대 대졸 이혼남 자영업자분들께 묻고 싶다.

"정말 그렇게 불행하십니까?"

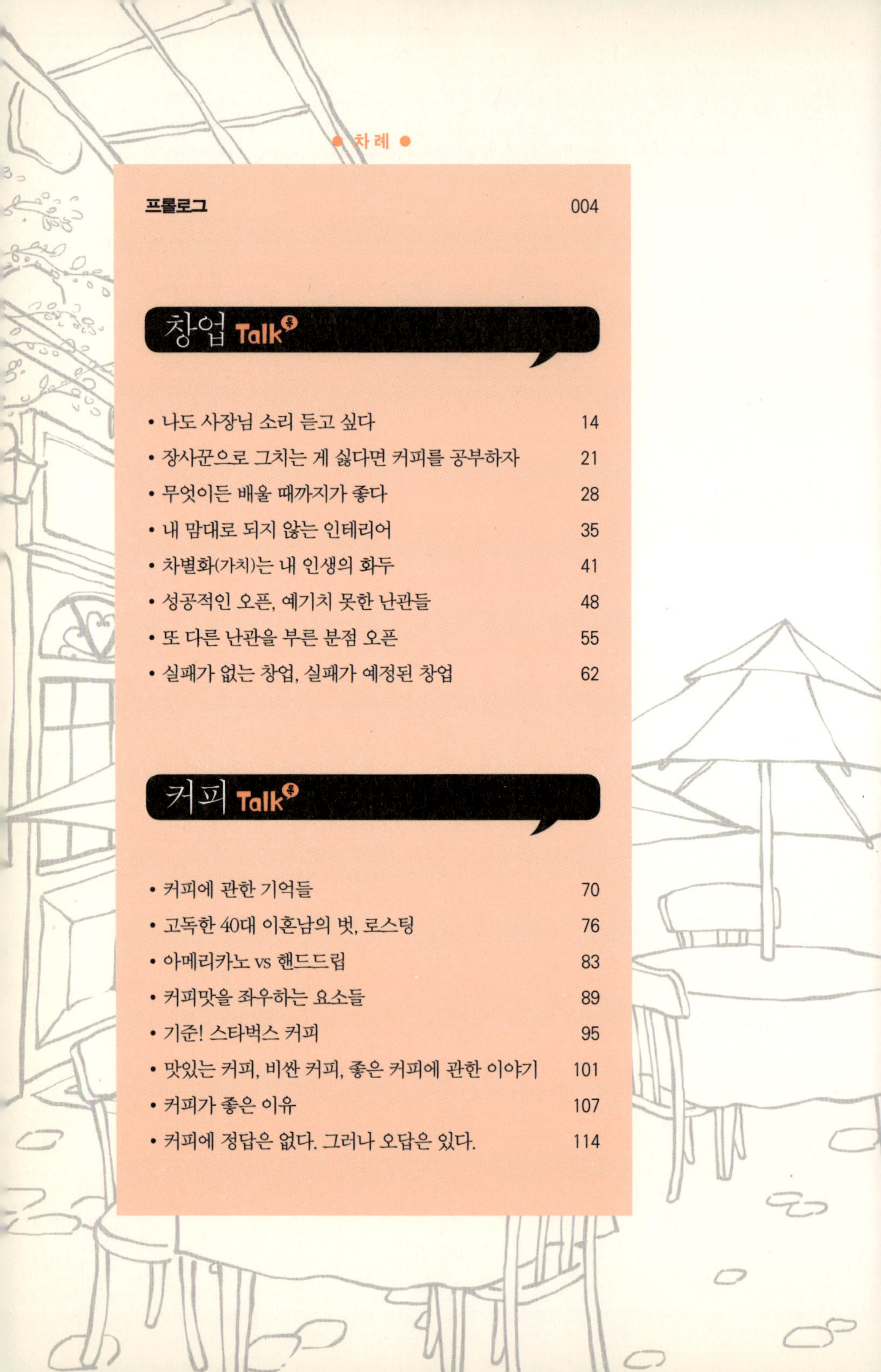

● 차 례 ●

카페 Talk

폐업 Talk

Start-up

나도 사장님 소리 듣고 싶다

매년 12월경이면 대기업에서 사장단 인사를 발표한다. 많게는 한 기업에서 몇 십 명이 되기도 한다. 우리 숍이 있는 상가건물엔 더 많은 사장님이 있다. 옆 상가들까지 합치면 사장님만 금세 백 명은 족히 될 것이다. 심지어 우리는 처음 본 사람에게도 사장님이라고 부른다. 알고 보면 모두가 사장인 셈이다.

그런데 난 항상 대리다. 우이 쒸…. 난 언제쯤 사장님 소리 듣는 날이 오지? 난 언제까지 남 밑에서 일하고 살아야 하는 거야!

그러던 어느 날 신기하게도 내가 커피숍 사장이 되어 있었다. 내 무의식이 간절히 사장님 소리를 듣고 싶었나보다. 커피숍을 오픈하고 사장명함을 만들고 사장님 소리를 처음 듣던 날 정말 기분이 좋았다.

"와 내가 드디어 사장님 소리를 듣는구나. 우하하하!"

겉으로는 표현 안했지만 내심 뿌듯함이 가득했다. 이제 이 작은 커피숍을 더 크게 더 많이 만들어서 진짜 제대로 된(?) 사장님 소리도 한번 들어봐야겠다는 다짐을 하였다. 다들 그렇지 않는가? 꿈은 크게 가질수록 좋다고. 그래서 난 하나씩 하나씩 실행에 옮기기로 했다.

사장님 소리를 듣기 전인 2009년 추운 겨울의 어느 날. 14년 여의 직장생활을 뒤로하고 나는 신사동의 어느 한 커피 아카데미에서 열심히 커피를 볶고 있었다. 샘플 로스터 3개가 돌아가는 로스팅 룸에 앉아 생전 듣도 보도 못한 수십 종의 생두를 매일같이 마주하고 있었던 것이다. 이 파란색의 생두가 다 볶일 때쯤이면, 기계는 격렬한 팝핑 소리를 연발하며 구수한 커피 내음과 하얀 연기를 마구마구 뿜어낸다. 마치 어렸을 적 뻥이요~ 소리와 함께 튀어오르던 뻥튀기의 기억처럼 말이다. 품종 별로 차이가 있어 배출시간이 다소 다르지만 8분에서 10분 전후면 300g 짜리 로스터기에서 까맣게 옷을 갈아입고 나온 커피원두를 마주할 수 있다. 예쁘다. 향은 더 예쁘다.

사실, 나에게 있어 커피숍 사장이 된다는 건 좀 생뚱맞은 일이기도 했다. 평소 커피를 좋아하는 것도 아닐뿐더러 설사 커피숍을 가더라도 커피보다는 생과일주스를 더 많이 마셨으니 말이다. 그런데 어느 날, 회사 여직원들이 함께 커피를 마시러 가자며 역삼동 근처 후미진 골목길로 나를 안내했다. 그날따라 섭씨 35도를 넘나드는 불볕

더위가 한창인 여름 오후였는데 대략 500여 미터를 걸어가야 했다. 얼마 가지도 않아 땀이 삐질삐질 흘러내리는데 슬슬 짜증이 올라오기 시작했다. 아니 무슨 커피를 마시러 이렇게 먼 곳까지 가나 싶었다. 회사 앞에 크고 작은 프랜차이즈 카페들이 즐비한데 고작 커피한 잔 마시러 이토록 힘들게 와야만 하는지 도무지 이해할 수가 없었다.

그런데 나를 더 짜증나게 만든 건 그 다음이었다. 족히 몇 십 분은 기다려야만 할 것 같은 긴 줄이 카페입구로부터 주욱 늘어서 있었기 때문이었다. 나는 본능적으로 고개를 돌려 돌아갈 채비를 하려는데 여직원들은 깔깔대며 그 줄에 서는 것이 아닌가.

"헐, 이봐들 뭐해? 가지 않구."
한 여직원이 말한다.
"여긴 항상 이래요, 팀장님."
두 번째 '헐'이었다. 도대체 무슨 커피를 팔기에 이다지도 황망한(?) 짓을 해야만 한다는 것인가. 솔직히 말해 그때는 이해할 수가 없었다. 어쨌든 우린 20여분이 흐른 뒤에 나로서는 처음 먹어보는 더치 아이스라는 커피를 손에 받아들었다.

"쳇, 이까짓 게 뭐라고."
시큰둥한 반응을 보이며 나는 그 검디검은 커피를 쫙 들이켰다.
"웩! 캬캭… 이게 뭐야!"

　마시는 순간, 생전 처음 맛보는 진하고 쓴 기운이 식도를 따라 흘러가는데 나는 순간 커피를 내뱉을 수밖에 없었다. 정말이지 이 커피를 마시려고 이 더운 날 이 먼 길을 따라온 나 자신을 원망하고 싶을 정도였다. 여직원들은 오히려 이해할 수 없다는 듯이 나를 바라보고 있었다. 그런데 잠시 후 내 입 속에서 희한한 현상이 벌어졌다.

　이상하게도 방금 전 내 식도를 따라 내려 간 커피의 뒷맛이 목젖에 깊게 밴 듯 형언할 수 없는 향으로 올라오는 것이 아닌가! 신기했다. 다시 한 번 이번엔 천천히, 그리고 조금씩 홀짝홀짝 마셔봤다. 첫 모금은 쓰고 진한 느낌뿐이었지만 목 넘김을 하면 할수록 단맛과 신

필자가 처음으로 더치커피를
경험했던 역삼동
커피앤소울(폐점)

맛이 번갈아 올라오면서 마지막엔 진한 여운으로 나를 사로잡아 묘한 중독성을 느끼게 하는 것이다.

그 다음날, 나는 혼자서 그 카페를 찾아갔다. 그것도 점심시간이 끝날 무렵에. 아무래도 손님이 덜 하지 않을까하는 기대에서였다. 카페에 들어서자마자 더치커피를 주문했다. 그런데 이게 웬일인가? 더치커피가 다 떨어졌단다.

"아니 어떻게 커피숍에서 커피가 떨어질 수가 있지?"

젊고 밝은 인상의 바리스타 사장님이 친절하게 대답해 준다. 더치커피는 찬물로 12시간동안 제한된 양만큼 추출하기 때문에 금방 재고가 떨어진다는 설명이었다.

"와! 열두 시간씩이나요?"

난 그제서야 왜 그토록 많은 사람들이 이 커피에 열광하는지 알 것 같았다. 보통 커피라고 하면 뜨거운 물에 용해된 걸 생각하는데 더치커피는 아예 처음부터 찬물로 그것도 한 방울 두 방울씩 떨어뜨려 반나절을 꼬박 추출해서 준비하다보니 그 양이 적을 수밖에 없었던 것이다. 거기다가 더치커피 특유의 진한 맛과 향에 반한 사람들이라면 그렇게 긴 줄의 기다림도 마다하지 않을 수 있는 것이었다. 더치커피가 금세 동이나니 말이다.

그 해 여름, 난 거의 하루도 거르지 않고 더치커피를 마시러 그 카페를 향했던 것 같다. 그러다보니 자연스레 사장님과 친해지게 되었고 이런저런 커피에 관한 이야기를 접할 수 있었다. 그리고 카페 한 켠엔 역시 난생 처음 보는 기계가 있었으니, 그것이 바로 커피를 볶는 로스터기였다. 손님이 가장 많이 몰리는 바쁜 점심 시간대가 지나면 자주 그곳에서 커피 볶는 모습을 지켜보았다. 그 광경 역시 내겐 무척이나 낭만적이었다. 왜였는지는 모르겠지만 그다지 화려하지도 않고 잘 정돈되지도 않은 카페 분위기에 점점 중독되어 가고 있었는지도 모르겠다. 카페 안에 비치되어 있는 커피관련 서적들, 벽면에 붙어 있는 손님들의 애정어린 자필 엽서 등은 내가 기존에 알고 있던 커피숍과는 전혀 다른, 새로운 감성 공간이었다. 그곳은 단순한 커피숍이 아닌 말 그대로 카페라는 곳이었다. 무엇보다 가장 매력적이었던 건 그 사장님의 모습에서 자유로움과 프라이드가 느껴졌으며, 이곳을 찾는 사람들의 얼굴에서 행복해하는 미소가 끊이지 않는다는 것이었다.

게다가 그 젊은 사장님은 이곳 이외에도 매장 두세 개를 관리해주고 있었으며, 모두가 본인으로부터 커피를 배워나간 제자들의 매장이라고 했다. 그때부터 꽤 오랫동안 그분의 카페를 드나들며 새롭게 알게 된 것들은 다음과 같다.

첫째, 커피도 여느 맛집처럼 좋은 목이 아니어도 사람들이 그 맛과 분위기를 찾으러 온다는 것. 둘째, 커피라는 직업의 세계가 생각했던 것보다 전문적이어서 많은 공부와 경험이 필요하다는 것이었다. 이 두 가지는 나로 하여금 커피숍 사장에 대한 새로운 비전과 로

망을 안겨주기에 충분했다. 이때부터 난 커피숍이 아닌 카페의 사장
이 되기로 결심했다. 아울러 나는 이때를 기점으로 커피에 대한 새로
운 눈을 뜨기 시작했으며, 언젠간 나도 이 사장님처럼 자유롭고 자부
심 가득한 카페사장이 되겠노라고 마음 속으로 그리고 또 그리기 시
작했다.

2

장사꾼으로 그치는 게 싫다면
커피를 공부하자

"사장님, 그렇다면 전 지금부터 무얼 준비하면 좋을까요?"

난 카페 사장이 되기 위한 첫 질문을 그분에게 던졌다.

"음 우선은 시중에 나와 있는 커피관련 책을 다 읽어 보세요."

"다요?"

"네, 그래봤자 100권도 채 되지 않을 겁니다. 그거 다 보시면 그때 또 말씀 나누시죠."

어쨌든 나는 커피에 문외한인 바쁜 직장인이었기에 커피에 관한 기초적인 상식조차 없었다. 그렇다고 바쁜 직장생활을 하면서 커피를 배우기는 현실적으로 어려웠다. 그런 의미에서 책읽기 숙제는 비교적 쉽고 편한 과제였다. 그렇게 몇 달을 책만 읽었다. 그러다보니 어느새 커피의 기원이 어떻고 에스프레소가 어떻고, 뭐가 어떻고 뭐가 어떻고, 하는 이야기들이 재미있었다. 커피의 세계가 이렇듯 깊고 오묘하다는 걸 그때 처음 알았다.

　　나는 어쩌면 운이 좋은, 독특하다면 독특한 이력의 소유자다. 대학전공이 맘에 안 들어 방황과 삼수 끝에 들어간 곳이 서울예전(지금의 서울예대)이었다. 내 전공은 광고였는데 뭔가 창의적이고 자유로운 일을 하고 싶었고 첨엔 CF를 만드는 사람이 되고 싶었다. 주로 우리 학과 출신들은 제작 쪽의 일을 많이 하게 되었는데, 나는 반대로 기획자가 되고 싶었다. 그럴려면 좀 더 공부를 해서 4년제로 편입을 하거나 외국으로 유학을 가는 게 현실적인 대안이었다. 왜냐하면 실제로 메이저 광고대행사에서는 2년제 출신들을 거의 뽑지 않았기 때문이었다. 그런데 내가 졸업할 무렵 삼성그룹에서 학력철폐 인재채용이라는 제도가 생겨 학력과 상관없이 지원을 할 수 있는 기회가 주어졌다.(내 기억에 그 제도는 그리 오래가지 않았고, 그런 의미에서 나는 운이 좋았다.) 그래서 난 그 기회를 잡아 최종적으로 합격, 삼성전자 광고기획팀에서 일을 시작할 수 있게 되었다. 제작 쪽이 아니라 광고주였지만 전공분야와 무관하지도 않았고 무엇보다도 삼성전자에서 일할 수 있다는 것은 쉽지 않은 행운이었기에, 긍지를 느끼며 입사하였다. 아버지가 가장 기뻐하셨고, 나 역시 서울예전 출신 최초의 삼성전자 공채 1호라는 타이틀에 긍지를 느끼며 정말 열심히 일했다. 그곳에서 울고 웃으며 12년여의 생활을 과장으로 마치면서, 난 그간 너무나 해보고 싶었던 제작 쪽 일을 하기위해 모 광고대행사의 기획팀장으로 일하게 되었는데, 내가 더치커피를 만난 것은 그때였다.

시중의 커피관련 책을 거의 다 읽어갈 무렵, 난 커피를 진짜로 배워보고 싶어졌다. 내가 직접 커피도 볶고, 에스프레소 추출도 하고, 핸드드립이라는 매력적인 핸드메이드 커피도 내려 보고 싶어진 것이다. 직장생활을 하는 사람이라면 다들 느끼겠지만, 직장인들은 늘 자유롭고 스트레스 덜 받는 세상을 꿈꾼다. 사람마다 차이는 있겠지만 돈을 좀 덜 벌더라도 누구 밑에서 일하는 것이 아닌 내가 스스로 일구는 행복한 일터를 말이다. 지금 나에게 카페는 그러한 이미지로 가득 차 있는 것이다. 한편, 난 2년여의 짧은 광고대행사 일을 마무리하게 되었다. 아쉬운 점도 많았지만 하고 싶었던 일을 했던 것에 만족했다.

그래, 이제부터는 내 것을 만들어보자.

이제는 본격적으로 커피를 배워야 하는데 어디서 누구로부터 배울 것인가가 중요해졌다. 인터넷을 뒤져보니 소위 바리스타를 양성하는 학원이 대부분이었다. 그래서 이름 좀 있다는 학원들을 직접 찾아가서 알아보기 시작했다. 그런데 왠지 선뜻 내키는 곳이 없었다. 뭔가가 아쉬웠다. 난 커피를 본질적으로 배우고 싶었던 것이다. 그럴려면 생두단계에서 추출단계 전 과정에 이르는 것을 가르쳐 줄 수 있는 곳이 필요했다.

위에서도 말했지만 난 운이 좋은 사람이다. 친한 형님의 소개로 생두 도매업을 하시는 분을 만날 수 있었다. 그곳엔 교육 목적으로 차린 카페가 있었고, 그 안에는 커피를 볶는 샘플 로스터, 에스프레소 머신, 커핑cupping(coffee cupping, cup tasting 커피 맛을 감별하는 것)을 위한 원형테이블과 칠판이 놓여 있었다. 그리고 벽면 가득 그리고 구석구석 난생 처음 보는 다양한 종류의 60kg짜리 커피 백들이 놓여 있었다. 서울 강남의 이면도로 구석에 이런 곳이 있을 줄이야 상상이나 했겠는가. 아주 마음에 들었고 이색적이었다. 더 이색적이었던 건 선생님 중 한분이 콜롬비아 분이었는데 그 사장님의 부인이었다. 원래 커피 농장주의 딸이었다는데 영국에서 유학중이던 한국남자를 만나 결혼했고 한국에 정착했다는 것이었다. 그것도 생두도매업을 함께 하기 위해서 말이다. 멋지지 않은가! 난 그 커플이 마냥 부럽기만 했다. 커피공부에 대한 열의가 한껏 물이 올랐다.

커피가 재배되는 대부분의 나라에서 들여오는 다양한 품종의 생두를 볶고, 커핑을 하는 게 하루일과의 전부였다고 해도 과언이 아니었다. 커피를 안다는 게 무엇인가? 커피를 배운다는 게 무엇인가? 내가 생각하기에 커피는 우선 오감으로 느끼고 즐겨야 한다고 생각했다. 그런 점에서 이곳은 내가 찾았던 바로 그곳이었던 셈이다. 머리로의 이해가 아닌 입으로 몸으로 느끼는 것 말이다. 로스팅을 하고 커핑을 수없이 반복하며 빼놓지 않는 또 하나의 수업은 함께 교육받는 사람들과 적고 공유하는 커핑 시트 발표시간이었다. 칠판엔 개인별 커핑 시트가 빼곡하게 채워져 함께 마신 커피에 대한 느낌들을 표현하고 공유하는 시간으로 늘 마무리 되었다. 그런 식으로 공부하다 보니 자연스럽게 나라별 품종별 커피 특징에 관한 이해가 쉽게 되었고, 타인이 느끼는 커피 맛에 대한 차이점들을 알게 되다 보니 보다 객관적인 커피에 대한 안목이 생겨나기 시작했다.

또 한 가지 재밌었던 건 그곳에서는 따로 추출을 전문적으로 가르쳐 주는 프로그램이 없었는데도, 사장님을 포함해 모든 직원들이 커피를 능수능란하게(?) 내릴 줄 알았다는 점이다. '아메리카노'에서 '라떼', 핸드드립으로 내려먹는 '스트레이트 커피'까지 말이다. 그 점이 참 신기했다. 알고 보니 거기선 그냥 어깨너머로 누구라도 할 것 없이 포터필터portafilter와 탬퍼tamper를 들고 원두를 다지고 추출을 하여 바로 에스프레소를 만들고, 볶은 원두를 분쇄한 다음 드리퍼 위에 필터를 접어 넣어 한 잔의 스트레이트 커피를 내려 마시며, 동시에 손님들에게 판매까지 했다. 그러다보니, 어느새 커피를 추출하여 손님을 대하는 나를 발견하곤 대견했던 기억이 난다. 나는 내친김에 사장님께 제안을 하나 드렸다. 월급은 바라지도 않으니 여기로 출근을 해서 아침 저녁으로 일을 할 수 있게만 해달라고 말이다. 감사하게도 사장님은 흔쾌히 수락해 주었으며 종종 교육생들을 데리고 카페투어까지 해주며 카페 콘셉트를 잡는 데 적지 않은 도움을 주셨다. 어떤 날은 커피에 관한 이런저런 이야기를 하다가 새벽 늦게까지 한자리에서 열띤 토론도 하곤 했는데, 지금 생각해보면 그때가 가장 행복하고 열정적인 커피와의 연애기간이 아니었나 싶다. 어쩌면 돈 주고도 하기 어려운 실무적 체험을 통해 창업이후 실무에 대한 두려움을 상당부분 이곳에서 해소했다고 볼 수 있는 것이다. 돌이켜 보면 난 두 마리 토끼를 잡은 셈이 되었다. 당시만 하더라도 일반 바리스타 학원에서는 에스프레소에 관한 지식과 기능적인 배움이 주였는데, 이곳에선 커피의 본질적인 측면들 즉, 생두단계에서 추출단계 그리고 실무적 체험까지 카페운영에 대한 직간접적인 모든 과정을 배울 수 있었으니 말이다. 거기에 새로운 인연과 현장학습 경험까지 얻을 수 있었으니 참으로 즐겁고 감사한 하루하루의 연속이었다.

아울러 나는 나만의 카페창업을 위해 다양한 카페투어를 하는데 시간과 비용을 아끼지 않았다. 사장님이 주신 정보를 포함해서 각종 책이나 잡지에서 언급된 카페들은 서울 지방을 가리지 않고 틈틈이 다 가보고자 했다. 이렇게 커피를 배우고 창업 준비를 하다보면 새로운 인연을 만나기 마련인데 그 중에서 가장 인상 깊고 고마운 인연은 매주 대구에서 서울로 오고가며 함께 수업을 받던 두 명의 친구

필자가 처음으로 커피교육을 받았던 곳 신사동 엘까뻬딸

들이었다. 이들은 훗날 내가 카페를 오픈할 때 그 먼 곳에서 직접 찾아와 많은 도움을 주기도 하였다. 그들은 비교적 커피 일을 오래 전부터 해 온 실력파 커피인들인데도 불구하고 보다 완성도 높은 커피를 만들기 위해 아카데미에 등록, 나와 같은 클래스에서 공부하고 있었다. 그들의 열정에 감동하여 더 큰 동기부여를 받은 것은 말할 것도 없다. 정말 열심히 커피공부에 매진했다.

3

무엇이든 배울 때까지가 좋다

　　이제 본격적인 카페 창업을 위한 고민이 시작되었다. 어떤 형태의 카페를 어디에 어떤 콘셉트로 해야 할지를 결정해야 했던 것이다. 물론, 고려하고 있는 예산의 범주 내에서 말이다. 우선 형태는 고민할 것도 없이 로스터리 카페였다. 이는 일반적인 카페와는 가장 확연히 구분되는 차별 포인트로서 원재료를 직접 받아 자가 배전(자체적으로 커피를 볶는 것)을 하는 형식을 말하는데, 당시만 해도 자신만의 커피로 특화하고 전문성을 앞세우는데 좋은 전략이 될 수가 있었다. 그리고 실질적으로 가장 중요하다고 본 타깃, 즉 목표대상은 학부형을 중심으로 한 소위 아주머니 그룹을 고객으로 삼았다. 이유는 나중에 자세히 설명하겠지만, 창업자는 본인에게 맞는 타깃 설정이 매우 중요한데 나로서는 그 대상이 가장 편하게 다가왔기도 했고, 전략적으로 봤을 때도 커피 시장 내 주요 고객으로서 잘 맞아 떨어졌다. 문제는 장소였다. 장소 문제는 어찌 보면 창업에 있어 가장 핫한 이슈이자 어려운 문제일 수 있겠다. 결론부터 말하면 장소 선정에는 정답이 없다. 많은 자본을 가지고 목 좋은 곳을 잡아 장사할 수 있다면 좋겠지만, 어떤 사람은 일부러 사람이 몰리지 않는 한적한 곳만을 찾아들어가 자신만의 세계를 펼치고자 하는 이도 있으니 말이다. 각자의 창업 목표, 아이템, 선호하는 운영방식, 자본규모에 따라 천차만별이기에 여기서는 내 경우만을 이야기하고자 한다.

커피를 배울 때는 주로 우뇌가 작동하면서 감성적인 코드에 젖을 수 있다. 그래서 재미있다. 그런데 막상 창업을 위한 장소 선정의 시간이 다가오며 좌뇌가 움직일 타이밍이 되니 골치가 아파왔다. 우선 채산성을 따져봐야 했다. 도대체 커피를 파는 카페들의 평균적인 매출과 수익은 어느 정도일까?

우선 크게 중심상권과 동네상권으로만 구분을 해 보았다. 중심상

권은 내가 들어갈 수 있는 곳이 아니었다. 다들 잘 아시겠지만 그러한 곳들은 중급상권이라 하더라도 권리금과 보증금을 합해 거의 5천만 원에서 억대가 넘어간다. 거기에 10~15평 기준으로 따져 봐도 인테리어 비용과 각종 기자재 비용을 합하면 못해도 1억5천에서 2억여 원 이상을 가지고 움직여야 한다는 계산이 나온다. 보통 역세권을 끼고 있는 중심상권의 월세는 최소 200만 원대에서 3~4백만 원대로 형성되어 있다. 관리비와 인건비 재료비 기타 등등을 합치면 월 고정비가 최소 5백만 원에서 7백만 원대가 되어 만만치 않다. 그렇다면 이런 상권은 도대체 누가 들어가서 한다는 말인가? 도대체 몇 잔의 아메리카노를 팔아야 된다는 말인가? 대출에 의지하지 않고서는 힘들다. 월세만 몇 천만원 단위는 볼 필요도 없다. 그런 곳들은 건물주 아들이나 자수성가한 분들을 제외하면 대체적으로 기업에서 운영하는 프랜차이즈들이 주를 이루기 때문이다. 그들은 기업의 홍보를 목적으로 사실상 마이너스 수익을 감수하고라도 운영을 한다. 그렇기에 24시간 영업도 가능한 것이다. 경우에 따라 건물을 매입해 버리면 월세부담을 줄이면서 오히려 부동산 수익을 가져가기도 한다. 그러니 그 게임엔 설사 내가 돈이 있더라도 들어가는 게 바보짓이다. 우리가 흔히 아는 홍대나 신촌, 대학로 상권 같은 번화가는 더 위험하다. 낮에는 유동인구가 별로 없고 저녁에만 번화가가 되는데 주로 밥집이나 술집위주여서 커피로는 수지타산이 맞지 않는다.

　　이제 동네상권이다. 동네상권은 어쩌면 더 디테일하다. 중심상권은 자본만 된다면 어느 정도 모객이라는 부분에선 자유로울 수 있다는 점에서 심플하다. 그러나 동네상권은 상황이 다르다. 자본 외에도 고려해야 할 것이 많은 것이다. 최우선적으로 고려해야 할 것은 목표 대상이다. 그래서 난 지난 몇 개월 동안 커피를 배우고 시장을 조사하면서 얻어진 통찰력을 바탕으로 나름의 장소선정을 위한 5가지 전략 key sentence를 선정했다. 그리고 그 기준에 의거, 열심히 발품을 팔고 다녔다. 심지어는 지방도 고려의 대상이 되었다. 실제 많은 곳을 돌아다니기도 했다.

첫째, 최소 3천세대 이상의 아파트 상권일 것
둘째, 초등학교가 인접해 있어 학부모들의 커뮤니티가 형성될 수
　　　있을 것
셋째, 반경 1.5km 이내에 유사한 형태의 카페가 없을 것
넷째, 권리금이 없고 월세가 100만 원 이하일 것
다섯째, 집단상가의 형태를 가지고 있을 것

이렇게 정리를 하고나니 뭔가 목표가 분명해지고 금방이라도 좋은 자리를 찾을 수 있을 것만 같았다. 그러나 생각보다 발품을 파는 일정은 길어져만 갔다. 위의 5가지 조건을 동시에 만족하는 곳을 찾기가 그렇게 쉽지 않았던 것이다. 거기다 뭐가 하나 만족되면 또 하나가 실망스러운 꼴이 연속되었다. 참고로 나는 전체 예산을 예비비 2천만 원 포함, 1억으로 잡아 움직였고 대출은 없었다. 매출계획

은 우선 1년 동안은 6개월 내에 BEP(손익분기점, Break Even Point)만 달성하고 1년 내에 수익을 내는 것으로 여유있게 잡았다. 위의 기준에 의거 아메리카노를 기준으로 평균 1인당 객단가를 5천 원으로 잡고(디저트 류 포함) 하루 평균 25명의 손님을 꾸준히 받는다고 가정하면 BEP는 달성하게 된다. 만일 동네상권에서 하루 50명의 손님만 꾸준히 들어 와준다면 이건 분명 성공이다. 이를 매출로 환산하면 일일 25만 원에서 30만 원, 매출만 치면 성공이라고 봐도 무방하다는 뜻이다. 2010년 창업 당시에 우리 카페가 책정한 커피가격은 결코 싸지 않았다. 아메리카노 아이스가 4천 9백 원에 스트레이트 커피 중 제일 비싼 네팔커피는 7천 원에 달했기 때문이다. 지불할 만한 가치가 없다면 손님은 다시 오지 않을 것이다. 난 그만큼 내 커피에, 그리고 이 상권에 대해 자신감이 있었다.

2009년이 지나고 2010년 새해가 밝은지도 벌써 두 달이 다 되어가고 있었다. 추운 날씨만큼이나 마음은 점점 초조해져만 갔다. 사실 경제적인 여건과 개인적 상황을 감안하면 여건이 그리 나쁘지 않았다. 단 한 가지, 난 더 이상 직장생활을 하고 싶지 않았고, 내가 하고 싶은 카페를 목표로만 달려왔기에 하루빨리 나만의 공간을 가지고 싶었고 커피를 통해 세상과 소통하고 싶다는 생각뿐이었다. 그렇게 지루한 시간이 지나 갈 무렵, 부동산을 통해 걸려 온 전화 한통으로 성북구에 위치한 카페 자리 하나를 보러가게 되었다. 시간도 너무 늦었고 안 갈까 하다가 혹시나 하는 마음으로 가게 되었는데 역시나 여러 가지로 실망스러웠다.

"에이, 뭐 이래. 오늘도 허탕이군."

이내 난 차 밖으로 나와 기지개를 켜며 한숨을 쉬며 하늘을 응시하고 있었다. 그런데 순간, 저 멀리 별빛인 줄만 알았던 그 수많은 빛들이 바로 아파트 유리창에서 나오는 것을 목격하였다. 상당한 불빛의 숫자로 보아 대단히 큰 아파트 단지임을 직감할 수 있었다. 시동을 걸고 곧바로 높은 경사도의 길을 따라 꼬불꼬불 운전해 나아갔다. 그리고 어느 단지 앞 상가에 이르러 차를 세우고 둘러보는데 어느 빈 상점 유리문 앞에 임대라는 문구와 전화번호가 적혀 있었다. 직감이란 이런 것일까? 아니면 운명이란 이런 것이라고 해야 할까? 난 그냥 이곳에 온 순간 저 공간이 내가 커피를 시작해야 할 곳임을 느끼게 되었다. 마침 아직 문을 닫지 않은 떡집 사장님께 동네 정보 몇 가지를 파악한 후 너무 늦어 내일 아침에 다시 오기로 했다. 다음날 다시 가서 주변을 구석구석 둘러보고 알아보니 내가 선정한 5가지의 조건에 거

필자가 처음으로 창업한 아파트 상가 카페입지

의 맞아 떨어졌다. 그 때의 내 상태는 흥분 그 자체였다. 적힌 전화번호로 연락을 하자 집주인 되는 사장님이 받으셨고, 우린 다음날 만나 계약서를 작성했다. 그날이 2010년 1월 30일이었다. 딱 한 가지 아쉬운 것이 있다면 넓이가 10.5평 규모로 내가 생각했던 최소 평수 15평을 훨씬 밑돌았다는 점이다. 하지만 다른 조건들이 너무 마음에 들었고 그래서 나는 10.5평을 15평처럼 연출하기로 마음먹었다.

내 맘대로 되지 않는 인테리어

커피를 하면서 늘 부러운 사람들이 있다. 그건 바로 '이공계 DNA'를 가진 사람들이다. 전형적인 인문계 스타일인 나에게 그들은 언제나 기계나 목공 다루기의 신공으로 보일만큼 존경스러웠다. 커피 일을 하다보면 정서적으로는 문학이나 음악 등 예술적 측면이 발달한 사람이 잘 어울릴 것 같다. 그러나 실제 자신의 카페를 운영하다 보면 각종 기계손질이나 인테리어 변형 등을 필요로 할 때, '이공계 DNA'들은 비용을 줄일 뿐 아니라 카페를 더욱 창의적으로 만든다. 심지어 인테리어 전체를 전문업체에 의지하지 않고도 바닥부터 목공 전기배선에 마감까지 하는 사람들도 있다. 그런 이들을 보면 솔직히 경외감마저 든다. 그런 사람들 중에는 의외로 비전공자도 많다. 어떻게 그럴 수가 있냐고 물으면 '그냥 하다보면' 된단다. 헐⋯. 대단하지 않은가!

이럴 때 난 약간의 부러움과 경외심을 뒤로하고 신을 원망하기보다는 내가 더 잘할 수 있는 것에 집중한다. 따라서 인테리어는 인테리어 전문가에게, 기계는 기계전문가에 맡긴다. 단, 소요되는 경비의 증가는 감수해야 한다.

넓게 보면 우리 카페는 바로 뒤쪽에 위치한 사립초등학교와 양옆으로 다소 떨어진 공립학교 2개에 둘러싸인 형태였다. 3월 초, 개학시점을 카페오픈의 실질적인 D-DAY로 잡고 있었다. 그래서 남은 한 달여 기간 중 인테리어 공사기간을 보름 정도로 잡고 나머지를 리허설과 가오픈이라고 예정한다면 모든 일정이 순조롭게 풀릴 듯했다. 카페 인테리어의 전체적인 콘셉트는 "마음이 포근해지는 아늑한 느낌의 사랑방"으로 오랜 카페투어와 조사 끝에 내려진 것이었다. 한마디로 요약하자면, 학부형들이나 아주머니들이 좋아하는 콘셉트다.

그런데 초반부터 예상치 못한 문제가 생겼다. 사실, 커피를 배우면서 알게 된 인연으로 인테리어에 감각이 있는 분을 선임하여 전체적인 콘셉트만 내가 잡아주고 나머지를 맡겼는데 일이 좀처럼 진행되지 않는 것이었다. 워낙 자신감을 표명하였고 자주 함께 머리를 맞대고 의논하던 사람이기에 별 문제 없을 거라고 믿었다. 단순하게 생각했던 일이었다. 일주일이 지나도록 레이아웃과 견적조차 뽑지 못하는 그를 보며 난 과감히 그분과 결별했다. 모든 것이 나의 불찰이었다. 나중에 안 사실이지만 카페 인테리어는 들어가는 집기와 기계들의 사이즈와 동선을 고려하여 레이아웃을 잡고가야 하는데 그런 경험이 없는 분에게 맡기다보니 제대로 설계를 하지 못했던 것이다. 게다가 나중엔 콘셉트마저 흔들렸다. 도저히 함께 일할 수가 없었다. 업체를 부르지 않고 비용을 최대한 줄여 멋지게 만들고자 했던 나의 얄팍한 욕심이 화를 부른 것이다. 결론적으로 말하자면, 본인의 역량이 닿지 않는 분야에 대해서는 해당 분야의 전문가를 섭외하고 적절한(?) 비용을 들여 인테리어를 하는 게 옳다는 것이다.

그러다보니 오픈을 준비하던 한 달 중 삼분의 일에 해당하는 시간이 훌쩍 날아가 버렸다. 마음도 상했고 날아간 비용도 아까웠다. 부랴부랴 SOS를 치는 수밖에 없었다. 역시 믿을만한 사람은 현재 카페를 운영하고 있는 친구들이었다. 처음부터 그들과 작업을 하고 싶었는데 -인테리어를 실제 잘하는 친구들임- 그들은 대구에서 모 대학 구내 카페를 운영하느라 바쁜 관계로 부를 수가 없었다. 대신 그들은 업체 하나를 소개했다. 내가 인테리어 업체 선정을 두고 직접 업체선정 하기를 꺼렸던 이유는 전반적으로 인테리어 업체에 깔린 불신 때문이었다. 대부분의 인테리어 업체의 경우 돈은 돈대로 챙기면서 오너의 의도를 잘 반영하지 않는다는 이유 때문이었다. 실제 많은 곳을 탐문하며 알아보았지만 이상하게도 마음에 드는 곳이 하나도 없었다. 지금은 카페 인테리어만 전문으로 하는 업체들이 많지만 그때만 해도 일반 인테리어를 하는 사람들이 주먹구구식으로 하는 경우가 많았다. 아니면 아주 고급스럽게 값비싼 형태의 것만을 제작해야 하는 업체뿐이었다. 거기다 인테리어는 완성 후 몇 달 동안에 꼭 하자가 발생하기 마련인데 대부분의 업체들이 요식행위 수준으로만 일처리를 하고 연락도 잘 되지 않는 경우가 많다. 영업이 막상 시작되면 바쁘다보니 그냥 불편을 감수하며 넘어가게 되는 경우가 다반사다. 그렇게 많은 돈을 들여 인테리어를 하는데 전자제품 하나 AS받는 것보다 더 푸대접을 받는다는 것이 영 못 마땅했다.

어쨌든 급하게나마 섭외된 업체와 늦었지만 열심히 준비해야 했다. 그동안 벤치마킹했던 강동구 명일동의 모 카페 사진을 보며 인테리어 실장과 수많은 미팅을 거쳐 설계 콘셉트를 잡고 공사에 착수했다. 막상 그렇게 공사를 시작하니 내가 할 일은 크게 없었다. 굳이 있다면 원하는 목표 날짜에 잘 마감될 수 있도록 수시로 들러 일하시는 분들을 독려하고 대접하는 정도였다. 나는 그동안 남아 있는 일 중 어떻게 보면 가장 중요한 직원채용과 커피관련 기계 및 집기류를 구입하는 데 총력을 기울일 수 있었다. 이공계 DNA는 부족하여 인테리어를 전문가들에게 맡기게 되었으니, 내가 비교적 잘할 수 있는 나머지 일들에 최선을 다하면 되었다. 특히, 직원채용은 각별히 신경을 썼다. 내가 창업하는 원년의 멤버들이자 처음으로 맞이하는 직원들이기도 했지만 나에겐 비전이 있었기 때문이었다. 그 비전을 함께 할 친구들이어야 하기에 난 신중에 신중을 기하여 채용면접을 실시했다. 마침 대학로에 친구가 운영하던 카페가 있어서 그곳에서 모든 면접이 이루어졌다. 후일담이지만 그 때 채용된 직원들의 말을 빌리면 무슨 대기업 면접을 보는 느낌이었다고 한다. 그도 그럴 것이 실습면접을 포함하여 총 3차 면접을 진행하였고, 질문 내용 자체도 3C(Competition, Character, Chemistry)를 기본 틀로 하여 그들에겐 아주 낯선 질문들이 던져졌으니 말이다. 그래도 그러한 노력의 결과로 나는 아주 훌륭한 매니저와 주말 파트타이머, 거기에 프리랜서 푸드 스타일리스트까지 고용할 수 있게 되었다. 갑자기 없었던 가족이 생겨난 것 같아 너무 기쁘고 뿌듯했다. 우리는 이제 함께 비전을 공유하고 카페를 오픈할 수 있게 되었다.

카페 오픈을 5일여 앞두고 인테리어는 마감되었다. 결론적으로 인테리어에 대한 나의 만족도는 60% 수준이었고, 비용은 예상보다 30% 이상 추가 지출되었다. 그러나 어쩔 수 없었다. 가게 오픈 날짜를 미룰 수도 없었고, 추가비용을 들인다고 해결될 문제도 아니었다. 나중에 다른 카페 사장님들한테도 여쭈어봤더니 몇몇 탁월한 이공계 DNA 소유자들을 제외하면 다들 비슷한 경험을 가지고 계셨다.

다짐했다. 나중에는 이번 경험을 발판삼아서 후회 없는 카페 인테리어를 완성해 보겠다고. 정리해보면 10.5평짜리 카페를 완성하는데 인테리어 비용만 2천2백만 원(VAT포함), 커피기계류 포함 자재 및 집기류에 2천만 원(VAT포함), 추가 경비 3백여만 원, 합계 4천5백만 원(VAT포함)이 소요되었다. 보증금 2천만 원을 합치면 대략 6천5백만 원의 목돈이 한꺼번에 투자된 것이다. 그리고 카페오픈을 하고나면

개업당시 필자가 운영하던 카페

이래저래 추가로 돈이 들게 마련인데 특히, 나는 마케팅 비용에 지출을 좀 더 하였다. 3월 2일 오픈을 앞두고 전체적으로 7천여만 원 가까운 돈을 투자하고서야 오픈준비를 끝낼 수 있었다. 7천만 원이라는 돈은 결코 작은 액수는 아니지만 중심상권 대비 5천에서 1억여 원 정도는 초기 투자비용을 줄였다고 볼 수 있는 금액이었다.

차별화(가치)는 내 인생의 화두

초기 투자비용은 줄였지만, 이제 준비된 콘텐츠와 서비스력으로 가급적 조기에 단골을 확보하지 못한다면, 권리금 주고 중심상권 들어간 것만 못한 꼴이 될 수 있기에 나는 긴장을 늦출 수 없었다. 우리는 카페가 오픈되기 보름 전부터 우리만의 색깔과 고객층을 고려한 에스프레소 블랜드를 포함, 당시로서는 동네상권 내에서 비교적 보기 어려웠던 다양한 핸드드립 커피와 판매용 원두, 수제 디저트류 등을 개발해 메뉴화 하였다. 수십 번에 걸친 블랜딩과 시음, 커피를 포함한 다양한 음료라인의 레시피와 데코 등을 마무리 한 후 메뉴판을 만들고 서비스 원칙과 세부지침 등을 정리해 나아가기 시작했다. 매일매일 우리 스스로가 직접 만들어내는 콘텐츠들로 기뻐했고 의욕도 샘솟았다. 카페 인테리어가 완성될 무렵 새 기계들과 집기들이 세팅되기 시작했고, 대구에서 올라와 준 커피친구들 덕분에 일들이 더욱 수월하게 진행될 수 있었다. 무엇보다 가장 기대되었던 건 새로 산 로스터기에 첫 생두를 넣고 로스팅을 할 때였다. 하얀 연기를 내뿜으며 검은색 원두가 처음으로 그 모습을 드러내었을 때를 잊을 수가 없다.

보통 카페의 경우는 특별한 홍보활동을 하지 않는 게 일반적이다. 왜 그런지는 잘 모르겠지만 피자나 치킨집처럼 배달을 하는 경우도 없고 또 카페의 특성상 사람들이 식사전후 들러서 커피한잔의 여유나 사람들과의 만남의 목적으로 오기 때문에 시간이 흘러 입소문으로 자연스럽게 홍보가 되기 때문일 것이다. 그러나 내 생각은 달랐다. 가급적 오픈전후 초기에 우리 카페의 장점을 알려서 많은 고객을 확보해 놓아야 그들 중 상당수를 단골로 만들 수 있을 것이라 판단했기 때문이다. 또 한 가지는 동네 고객들의 개인정보 즉, 전화번호 DB를 얻고 싶었다. 그래서 수시로 새로운 품종의 커피정보나 이벤트 정보를 간편하게 고지하여 고객과 소통하고, 가급적 빨리 BEP를 앞당겨서 운영의 정상화를 노리고자 했던 것이다.

그 일환으로 우선 4천여 세대 아파트에 전단지를 배포하였다. 우리 전단지는 철저하게 고객 DB를 얻기 위한 목적으로 꾸며졌다. 또 카페의 이미지를 고려, 단순정보 나열이 아닌 스토리가 있는 칼럼 형식으로 꾸며 거부감이 없도록 하였으며 커피 포함, 고급 화장품과 스포츠 용품 등 다양한 협찬상품을 준비하여 카페 내 응모함에 개인의 연락처를 기입하여 응모한 고객을 추첨하는 행사를 진행하였다. 그렇게 해서 1년 만에 약 500여 명의 고객 DB를 확보할 수 있었고 2년 만에 1000여 명의 DB를 확보하였다. 이 DB는 차후 요긴하게 마케팅 목적으로 활용되었다. 전단지 돌리기를 하면서 생긴 웃지 못할 해프닝도 있었다. 우선 아파트 4천 세대와 주변상권을 다 돌리면 약 5천부가 필요했는데 업체를 활용하면 손실이 커서 직접 돌렸다. 낮에는 아파트 경비아저씨들 때문에 돌릴 수가 없어 주로 밤시간을 이용했는데 테이프로 꼼꼼하게 집집마다 붙이려다보니 3일을 꼬박 새벽 내내 돌려야 했다. 나중에는 경비아저씨들한테 발각되어 붙인 걸 다시 뜯어내야 해서 지하주차장에 있는 차량 와이퍼 위에 꽂았다. 세상에! 지하 7층까지 아파트 주차장이 있는 곳은 난생 처음이었다. 엄청난 규모였고 정말 알바로 돈 받고 하더라도 쉽지 않은 일이었다. 역시 내가 좋아서 하는 나의 일은 이렇게 없던 에너지도 생기게 한다는 걸 다시 한 번 느꼈던 소중한 경험이었다.

또 하나, 우리에게 중요한 홍보 포인트는 바로 인접한 초등학교였다. 2월 말쯤만 되도 3월초 개학을 앞둔 학부모들이 학교를 왕래하는 일이 생긴다는 걸 알게 되었다. 작년까지만 해도 이곳 근처에 적당한 카페가 없어 불편해하고 있다는 정보를 입수한 터라 현수막을 학교입구와 주변 곳곳에 붙이고 커피콩을 예쁘게 포장하여 전단지와 함께 등하굣길을 이용, 어머니들과 선생님들께 배포를 하였다. 생각보다 반응이 좋았고 꼭 오시겠다고 밝은 미소로 화답해 주시는 분들도 많았다. 보통 학부모들은 자식이 중학교만 들어가도 잘 모이질 않는다.

아니, 초등학교 고학년만 되도 그렇다. 초등학교의 경우 1학년부터 3,4학년 엄마들의 모임이 가장 활발하다. 그래서 새 학기가 시작되는 무렵에 새로운 학부모들에게 카페정보를 알리는 것은 중요하다. 나도 처음엔 고학년 엄마들이 자연스럽게 저학년 엄마들에게 정보를 줄 것으로 생각했으나 의외로 학년 간 엄마들끼리의 소통은 원활해 보이지 않았다. 그만큼 시간이 걸린다는 의미다.

그 외 우리의 전략중 하나는 원두판매 확장에 있었다. 원두판매는 매출과 이미지제고 차원에서 우리에겐 아주 중요한 과제였다. 당시만 하더라도 인터넷 판매가 그리 많지 않았기에 가까운 지역사회에서 원두를 구매할 확률이 높다는 일본의 사례를 참고로 영업초기에 우리 커피에 대한 인지도와 맛, 그리고 신선도 등을 빨리 어필 할 필요가 있었다. 그래서 진행했던 아이디어 중 하나가 선착순 100명 고객을 대상으로 드립세트를 선물하고, 내방 고객들에게는 무료 시음코너를 통해 매일 3종의 스트레이트 커피를 드실 수 있도록 마련한 것이다. 드립세트 선물은 경우에 따라 남 좋은 일이 될 수도 있겠지만, 우선은 원두시장을 키우고 익숙지 않은 드립커피에 대한 이해도를 올려 궁극적으로 우리의 원두를 구매하게 하는데 목적이 있었다. 그렇게 되기 위해선 우선은 우리 커피에 대한 자신감과 노력이 수반되어야 함은 두말 할 것도 없다. 두 번째로 무료 시음코너는 카페 밖에 서성이는 많은 분들이 보다 편안하게 카페 안으로 들어오게끔 한 의도가 깔려있었다. 다른 곳과 달리 카페는 사람들이 목적성을 가지지 않는 한 쉽게 들어오지 못하는 면이 있다. 그래서 난 카페 밖 입간판에 큼지막하게 적어 놓았던 것이다.

"그냥 가지 마시고 무료 시음코너에서 커피 좀 드셔보세요.^^ "
　이 두 가지 전략은 생각보다 좋은 효과를 가져다주었다. 무엇보다 이런 홍보활동을 하는 카페를 사람들은 거의 본 적이 없었고 그래서 신선했기 때문이다.

　그 때도 적지 않은 사람들이 전국의 주요 드립커피 전문점들을 찾아다니곤 했다. 지금이야 흔해져가고 있지만 2009년도 까지만 해도 중심상권은 대부분이 에스프레소 위주여서 서울만 하더라도 부암동의 클럽 에스프레소나 삼청동과 성북동 주변 구석구석을 찾아야 겨우 드립커피를 맛 볼 수 있었다. 그런 가운데 나처럼 아파트 상권으로 찾아들어와 소위 스페셜 티 커피를 선보이는 사람들이 하나 둘 늘어나는 추세였다.
　그래서 우리는 행운의 커피를 준비했다. 이것은 오늘의 커피라는 프로그램을 변형한 것인데 그날그날 신선한 스페셜티 드립커피를 선정하여 서비스하는 것 까지는 같았으나 행운의 커피를 주문하신 분에 한해 행운권을 드리고 응모케 한 것이다. 한 달 후엔 추첨을 통해 커피원두와 다양한 상품을 증정하니 반응이 좋았다. 행운의 커피라 하니 왠지 행운이 올 것 같은 기대감과 그날 볶은 콩으로 만든 신선한 드립커피가 조화를 이루다보니, 아무리 비싸도 잘 팔렸다. 행운권 뒷면에는 커피와 관련된 간략한 맛의 특성들이 적혀져 있어 처음 드시는 분도 쉽게 해당 커피를 기억할 수 있도록 하였다.

어쩌면 로스터리 카페는 에스프레소와 더불어 드립커피와 원두판매까지 자기 색깔을 보여주어야 하기 때문에 그 카페만의 독특함과 차별화를 하루빨리 드러내서 보여주는 게 가장 중요하다. 이는 오랜 기간 마케팅, 광고, 영업을 해 오면서 귀가 닳도록 들어 온 차별화의 강박이 이런 아이디어들을 만들어 내는 계기가 되지않았나 싶다. 그 외에도 카페 내 쿠폰함 비치라든지 리필서비스를 포함한 다양한 구매 혜택서비스를 만들어 높은 커피가격에도 불구하고 손님들이 저항 없이 찾아오게 만들었다.

이러한 모든 것들은 사전 리허설을 통해 숙지되고 완성되었는데

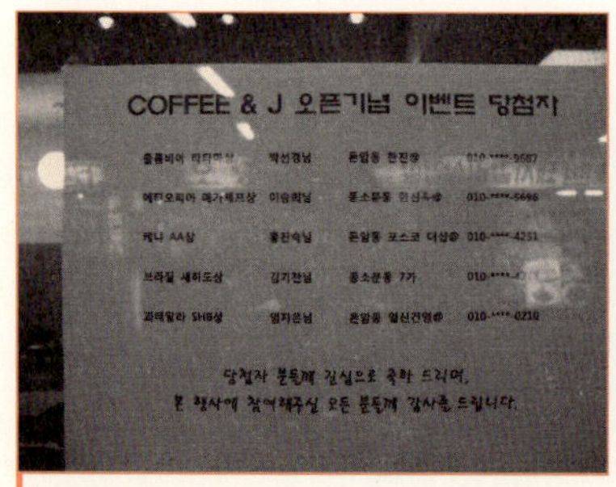

고객유치 및 원두판매 확대를 위한 이벤트

음료계산부터 아주 작은 딜리버리까지, 풀 서비스를 원칙으로 한 우리 카페는 그만큼 바리스타의 순발력과 커피메이킹 실력의 탁월성이 요구되는 곳이었다. 그런 면에서 직원들은 훌륭했다. 비록 11평도 채 되지 않은 동네카페에 지나지 않았지만 우리들의 가슴속엔 저마다의 비전으로 가득 차 있었기 때문이다.

성공적인 오픈, 예기치 못한 난관들

진정한 동기부여란 이런 것일까? 처음부터 끝까지 나의 생각으로 직접 계획하고 준비하고 실행하는 것. 그랬다. 이 자그마한 카페하나 오픈을 위해 그렇게 발품을 팔고 공부를 하고 준비를 했는데, 그동안 힘들다고 느껴 본 적이 단 한 번도 없었던 것 같다. 책임의 무게만 빼놓고 본다면 마치 1996년도 신입사원 때 가졌던 느낌이라고나 할까? 무엇이든지 잘해낼 수 있을 것만 같은 기분이었고 힘이 절로 솟아났다. 직장생활을 이렇게 한다면 어떨까? 안 된다. 직장생활을 이렇게 하면 나와 동료들이 함께 힘들어질 수 있기 때문이다.

2010년 3월 2일, 드디어 역사적인 카페의 오픈 날이 다가왔다. 그동안의 수고가 열매를 맺은 듯 오픈 첫날부터 문전성시를 이루었다.

지금도 잊을 수 없는 첫 손님 세분의 모습이 눈에 선하다. 의외의 분들이었는데 할아버지 두 분과 할머니 한 분이셨다. 그때는 오픈시간을 정하지 않은 상태라 우린 아침 7시에 출근해서 미리 문을 열어 놓았는데 8시경 세 분이 기다렸다는 듯이 들어오신 것이다. 오전 9시경이 되니 우리가 기대했던 학부모와 동네 분들 여럿 무리들이 삼삼오오 줄을 이어 들어오셨다. 금방 홀 안은 가득 찼고, 이런 현상은 거의 일년 내내 유지되었다. 중심상권도 아닌 후미진 이곳에서 소위 '오픈발'의 요소도 있었겠지만 어쨌든 출발은 좋았다.

그런데 창업 첫 해부터 예기치 않았던 일들로 크게 맘고생을 해야 했다. 커피장사는 잘되어 오히려 커피 일로 힘든 일은 없었다. 사실은 오픈 전부터 문제의 조짐이 보이기 시작하였는데, 인테리어 담당실장은 관리실에 뭘 물어 보려 해도 늘 사람이 없고, 설사 누가 있어도 명쾌한 답변이 없어 뭐 이런 데가 다 있나 싶었다고 했다. 그리고 보통 상가는 상가협의회라는 게 있어서 정기적으로 회의를 갖는데 첫 회의에 들어간 순간부터 난 깜짝 놀라고 말았다. 높은 고성이 오가며 목소리가 정말 큰 여사장님과 어떤 남자사장님이 싸움을 하고 있었던 것이었다. 앉아있는 다른 사장님들은 늘 보아온 모습이었는지 담담한 표정들이었고, 정말이지 나는 말문이 막혀 멍하니 서 있다가 그냥 돌아왔다. 이후 회의를 서너 번 더 들어갔는데 상황은 늘 같았다. 오픈 날 떡을 맞추어 상가를 두루 돌며 인사를 하고 다녔다. 2층에 있는 마트매니저에게 떡을 갖다드리며 인사를 드렸더니 업종이 뭐냐고 물어온다.

"커피숍입니다."

하고 말했더니 내 귀를 의심케 하는 소리가 들려왔다.

"커피숍이요? 여기에요? 커피숍이 될려나? 안 될긴데."

아무리 그래도 그렇지, 초면에 반갑다든가 건승하라든가 정두로 마무리 해주면 좋지 않은가? 그는 그의 상식으로만 판단하고 내게 다소 무례한 실언을 한 셈인데, 그 후 그 매니저의 예언이 틀렸다는 걸 증명이라도 하듯 몇 개월이 지나도록 사람들로 붐비는 우리 카페를 보며 그는 항상 의아해 했다. 손님들의 반응도 표현의 느낌과 정도만 달랐지, 초반엔 우려 섞인 목소리도 아주 많았다. 역시 그러한 우려도 몇 개월 지나지 않아 모두 바뀌었다. 어떤 분은 내 손을 붙잡고 이곳에 커피숍 차려주셔서 고맙다고, 잘 들어오셨다고, 심지어 상가가 한결 밝아져서 좋다며 만날 때마다 칭찬을 해 주신 분도 있었다.

오늘은 최종 리허설을 위해 직원들과 열심히 준비를 하고 있었다. 정식오픈을 하루 앞두고 교회 찬양대 식구들이 대거 방문하기로 된 것이다. 한 스무 명 남짓이 왔었고 우린 열심히 응대했다. 그런데 얼마 지나지 않아 젊은 남자 한명이 황급히 뛰어 들어오더니 나한테 큰소리를 치며 당장 물을 쓰지 말라는 것이었다. 그리고 자기를 따라 지하에서 운영 중인 불가마 사우나로 가자는 것이었다. 귀한 손님들도 오셨는데 창피하기도 해서 그를 얼른 따라 나섰다. 알고 보니 그는 사우나 운영을 맡고 있는 매니저였고 우리가 물을 쓰니 지하 사우나실로 물이 떨어지기 시작한다는 것이었다. 따라가 보니 진짜 물이 새고 있었고 손님들이 그 물에 젖어 항의를 하고 있었다. 나는 정말 어이가 없고 말문이 막혔다. 우리는 오늘 처음으로 리허설을 하느라 설거지를 하면서 물을 썼을 뿐인데, 지하 사우나 실에 물이 샜던 것이다. 졸지에 내가 가해자가 되어버린 것이다. 생각해보면 그도 참 무례하기 짝이 없었다. 조금만 생각해보면 나도 피해자인 것을 알 수 있었을 텐데, 자기문제에만 빠져 나에게 먹살잡이라도 할 것처럼 언성을 높이고 달려들었으니 말이다. 참아야 했다. 그리고 일단은 사태를 수습해야만 했다. 내일이 오픈이고 각종 오픈이벤트가 마련되어 있었는데 문을 못 연다는 상상은 하기도 싫었다. 어차피 오늘은 공휴일이고 하니 따질건 급한 불 먼저 꺼놓고 하자고 다짐하였다. 인테리어 업자에게 긴급히 전화를 하였다. 삼일절 휴일이라 다들 쉬고 있었을 상황이었지만 아직 대금이 입금되기 전이여서 그런지 담당실장은 사태의 심각성을 파악하고 수도 및 배관전문가를 보내주었다. 그들은 점검을 하더니 막힌 배수관만 교체하면 금방 해결될 거라며 나를 안심시켰다.

나는 그동안 산더미처럼 쌓인 설거지 감을 상가 화장실로 가지고 가서 세척하였다. 대걸레를 주로 빠는 화장실 구석 큰 수도꼭지에서 불꽃 설거지를 하였다. 찬물만 나오기 때문이었다. 손이 시려워 죽는 줄 알았다. 시간이 흘러 작업하는 아저씨들이 가게로 오셨다. 막힌 배수관이 생각보다 길어 작업이 길어질 것 같다는 이야기셨다. 순간 한숨이 흘러 나왔다. 결국 16미터에 달하는 배수관을 교체하고 나서 야 상황을 마무리 할 수 있었다. 세상에 이럴 수가 있나?

"왜 상가 배수관을 세입자인 우리가 우리 비용으로 고쳐야 하지?"

도무지 이해가 되지 않았다. 그 다음날 나는 관리실로 찾아가 꽉 막힌 배수관을 증거로 내보이며 원인규명을 위해 따지기 시작했으 나, 정확한 원인도, 어느 누구도 책임을 지는 사람을 찾을 순 없었다. 관리실장은 이해 안 되는 말만 연신 해댈 뿐이었다. 심지어 집주인조 차도 결국엔 나타나지 않았다.

이건 시작에 불과했다. 난 창업 후 얼마 안 되어 이른 아침을 이 용, 커피교실을 시작했는데 어느 날 수업 중에 역한 냄새가 나기에 바닥을 보았더니 하수도가 역류하여 카페를 한강으로 만들고 있었 다. 어쩔 수 없이 수강생들을 다 돌려보내고 장사도 반나절동안 못 했건만 어느 누구에게도 영업 손실에 대한 사과와 책임을 물을 수가 없었다. 한편 상가 내에는 대형업체들이 몇몇 있는데 이들이 오랫동 안 전기 및 물 사용료를 내지 않아 한전과 수도사업부로부터 경고를 받았고, 급기야 상가 전체를 대상으로 단전, 단수공문을 보내왔다. 꼬박꼬박 월세와 관리비를 내온 내가 왜 이런 공문들로 스트레스를 받아야 하는지 도무지 납득할 수가 없었다. 또 여름이 다가오자 각 상점들마다 에어컨을 가동하기 시작하는데 벽면 선반에 놓인 찻잔 들이 떨어지고 손님이 앉아있는 벽쪽이 심하게 흔들려 알아보니 옆

오픈 후의 카페 모습, 그리고
문전성시를 이룬 매장 모습과
당혹스러웠던 배수관의 흔적

집 편의점 쪽에서 사용하는 대형 실외기 2개가 떡하니 우리가게 외벽에 붙어 있었던 것이었다. 굉음을 내며 돌아가는 소음과 진동이 원인이었다. 편의점 사장님을 찾아가 정중히 말씀을 드리고 실외기 이전설치를 부탁드렸는데 며칠이 지나도 진전이 없었다. 다시 찾아가 말씀드렸더니 '본사가 움직이지 않아서라며 당신이 들어온 뒤로 피곤해졌다'며 오히려 나한테 뭐라고 하는 게 아닌가? 정말 화가 났다. 나도 나지만 직원들과 손님들이 불편해 하는 모습을 보는 게 더 힘들었다. 결국 몇 번에 걸친 요청 끝에 거의 2주가 다 되어서야 실외기는 옮겨졌다. 도대체 왜 자기네 외벽에 설치를 안 하고 남의 외벽에 한 걸까. 그 2주간은 마음고생이 이만저만이 아니었다. 난 당연히 장사를 시작하면 장사 자체로 고되고 제일 힘든 일 일거라 생각했다. 왜냐하면 여긴 중심상권이 아니었기에. 그런데 달랐다. 티저 식으로 진행해 왔던 우리의 오랜 홍보활동과 정성을 다한 서비스들이 빛을 발하여 BEP는 첫 달부터 훨씬 초과했고 시간이 지날수록 매출은 늘어만 갔으니 말이다. 이렇듯 예상치 못하게 상가와 주변상점들로 인해 곤란을 겪으리라곤 상상도 못했다. 나는 상법 전문가도 아니고 장사 전문가도 아니지만, 지금껏 사회생활을 해 오면서 나름의 지혜와 수완이 있다고 생각했는데, 착각이었다. 이곳에 와보니 상식이 통하질 않았다. 나중에 좀 알아보니, 우리 상가의 경우가 좀 심하긴 했고 상가마다 어지럽고 복잡한 스토리들이 다들 있었다. 특히, 창업 첫해에 나는 초보사장으로서 이웃상점들과 얼굴을 붉히고 싶지 않았다. 웬만하면 참고 인내하려 했다.

누구나 그렇지 않겠는가? 어느덧 나도 장사의 세계에 발을 들여놓은 것이다. 그 좋아하던 합리성이 어떻고 상식이 어떻고를 따져서는 문제해결이 안 된다는 걸 깨닫기 시작했다.

또 다른 난관을 부른 분점 오픈

성공적인 오픈 이후 2년여의 시간이 흐르면서 나름대로의 입지를 다질 무렵이었다. 사실 커피를 배우기 시작하면서부터 원대한 꿈이 있었다. 스타벅스보다 더 큰 커피의 가치를 주는 사업. 아이디어와 열정만큼은 누구에게도 뒤지지 않을 자신이 있었지만, 그 외의 부족한 것들이 내겐 너무도 많았다. 특히, 커피 시장 내에서 나의 브랜드는 이제 갓 알을 깨고 나온 병아리 수준이었다. 자본력은 고사하고 네트워크조차 부족해서 할 수 있는 일이라곤 사업계획서 하나 달랑 들고 전국을 돌며 많은 커피인들을 만나는 일이 고작이었다. 대한민국에서 커피 좀 한다고 알려진 사람들을 찾아가면 뭔가 새로운 일이 벌어질 수 있지 않을까, 또 내 아이디어에 반해서 함께 협력할 수는 있지 않을까, 기대하면서 말이다. 그러나 기대했던 일들은 일어나지 않았다.

그래도 그 과정에서 많은 걸 배우고 느낄 수는 있었다. 한번은 호주의 멜버른으로 카페투어를 간 적이 있었는데 거기서 친구의 소개로 만난 여성실업가 한분과 몇 날 며칠을 두고 커피와 와인, 그리고 카페에 관한 이야기를 나누게 되었다. 그녀는 커피에 대한 나의 열정에 반하셨고, 와인에 조예가 깊으셨던 그녀가 나와 함께 멋진 카페를 만들어보자며 이듬해 나를 보러 한국까지 오는 성의를 보이셨다. 적지 않은 금액을 투자하시겠다며 부동산도 알아볼 겸 또 나의 카페도 볼 겸 오신 것이다. 그러나 안타깝게도 얼마 후 그분은 과로로 쓰러지셨고 한동안 병상에 누워 계셔야 했다. 지금은 가끔 페이스북으로 소식을 전하는 정도지만, 나를 언제나 인정해주시는 감사한 분이다.

그렇지만 나는 가만히 앉아서 감 떨어지기를 기다리는 성격이 아니다. 솔직히 나는 전문 바리스타나 로스터 같은 커피장인의 모습보다는 스타벅스의 로버트 슐츠 같은 일종의 코디네이터 CEO가 되고 싶었다. 그래서 언제나 무엇인가 새로운 걸 시도하고 싶었는데, 그러다보니 가끔 손발이 피곤했다. 그래서 나는 카페 가까운 곳에 분점을 하나를 열었다.

분점의 콘셉트는 '슬로우 커피&원두판매점'이었다. 나는 용어 만드는 걸 좋아하는데 커피영역을 페스트Fast 커피와 슬로우Slow 커피로 나누었다. 페스트 커피는 말 그대로 에스프레소 영역이며 슬로우 커피는 에스프레소 이외의 것들을 의미했다. 슬로우 커피의 대명사는 핸드드립이다. 그러나 이곳에선 클레버라고 하는 기구를 이용하여 핸드드립 추출을 용이하게 하였다. 일종의 클레버 드립 전문점 형태로 운영을 했는데 우선 이 분점엔 없는 게 많다. 기본적으로 하수도가 없었다. 하수도는 큰 물받이 통으로 대신한다. 상수도만 끌어와 정수기에 연결하여 핫 디스펜서로 뜨거운 물만 공급하게 만들었다. 당연히 에스프레소 머신도 없다. 그러다보니 메뉴는 드립커피와 더치커피, 그리고 몇몇 음료들로만 제공된다. 나머지는 다 원두다. 아마도 단일매장으로 이러한 형태의 카페는 세계 최초가 아니었을까 싶다.

클레버 세 개를 동시에 거치할 수 있는 철제 거치대는 용두동에서 30만 원을 주고 직접 설계하여 제작하였다. 싱크대 구조로 만들어 커피추출 이후 물 세척시 클레버를 거치대에 올려놓기만 하면 물이 자동으로 떨어지게끔 한 원리다. 내가 봐도 재밌었다.

분점을 만든 목적은 두 가지였다. 첫째는 고객편의성과 매출영역의 확대였다. 본점이 위치한 곳은 전체 아파트단지를 위에서 봤을 때 동쪽 가장자리에 위치했다. 서울 중심에 4천 세대에 달하는 단지는 그렇게 많지 않은데 이 대규모 단지에서 서쪽 가장자리에 사시는 손님들은 다소 거리가 있다는 불편이 있었다. 마침 단지 정중앙 쪽에 상가 두 개가 있었는데 그 중 한 곳에 거점을 마련하여 고객편의성과 매출영역 확장을 꾀한 것이다. 두 번째는 일종의 커피공방의 형태로 손님들과 소통하는 것이었다. 그래서 인테리어도 일본식 선술집 로바다야키 형태와 비슷하게 하여 BAR 없이 서로 마주보며 편안하게 이야기하고 때론 간단한 무료 커피교육도 하면서 본점에서는 기대할 수 없었던 교감의 장을 열고자 했던 것이다.

　분점을 오픈 하는 과정에서도 역시 곤란한 상황이 발생했다. 정말 또 한숨이 나오는 일이 벌어진 것이다. 분점이 들어가기 전 상가 내에 이미 소문이 났다. 아래 상가의 커피전문점에서 이곳으로 분점을 낸다고 말이다. 그런데 내가 들어갈 곳 옆에 계신 모 프랜차이즈 베이커리 사장님이 상가협의회를 찾아가서 나의 입점을 반대한다며 강하게 어필하고 있다는 것이었다. 이유인즉, 자기네 베이커리에서 커피를 팔고 있는데, 커피업체가 또 들어오면 어떻게 하냐는 것이었다. 베이커리에서 파는 게 무엇이든 자기네가 파는 동일한 아이템만 들어오면 다 막을 태세였다. 어이가 없었다. 인간적으로 어느 정도 이해는 가지만 아무런 설득력도 없는데다 너무나 이기적이라는 생각에 화가 났다. 나는 이미 상가협의회를 통해 입점에 아무런 문제가 없음을 확인받고 인테리어를 진행하고 있었다.

슬로우 커피와 원두판매만을 위주로 한 분점

결정적인 건 그 다음이었다. 어느 날 본점으로 한통의 전화가 왔는데, 서울시 안전관리 담당이란다. 무슨 일이냐고 했더니 우리 카페에서 설치한 프로판가스 적재함이 너무 튀어나와 행인의 안전이 우려된다는 민원이 들어왔다는 것이다. 하도 기가 막혀서 도대체 누가 그런 민원을 넣었냐고 말해도 민원인 신분은 밝힐 수 없다고 하며 구청을 통해서 점검지시를 내렸다는 것이다. 곧 구청에서 전화가 왔고 사람이 나왔는데 별 문제가 없는 것으로 곧 결론이 났다. 당연했다. 지난 2년 동안 충실히 안전점검 받으면서 아무런 문제가 없었고 인근 상점보다도 훨씬 안전하게 – 이웃한 상점은 프로판가스통이 그대로 밖에 노출되어 있었지만 우리 가게는 가스안전공사 지침에 의거 철제 적재함으로 감싸고 있었다 – 관리되어 왔기 때문이다.

참 사람의 촉은 무섭다. 나는 직감적으로 베이커리 사장이 떠올랐다. 며칠 전 그분으로 추정되는 분이 우리 카페 프로판가스 적재함 앞에서 배회하는 모습을 본 기억이 나서다. 만일, 그분이 민원을 넣었다면 유치할 뿐 아니라 상당히 질이 안 좋은 사람이라는 생각이 들었다. 왜냐하면 우리는 매장에서 직접 커피를 볶는 집인데 로스터기에 연결된 프로판가스를 문제 삼았다는 것은 생명줄을 건드린 것이나 다름이 없기 때문이다. 내 감은 맞았다.

역시 나쁜 예감은 틀리는 법이 없다. 나는 이대로는 안 되겠다 싶어 그분을 만나기로 했고, 만나서 여쭈어보니 본인이 그랬단다. '괘씸했다고, 자기를 찾아와서 미리 인사를 안해서' 그랬단다. 아 정말이지 이게 말인가 막걸린가 싶었다. 어련히 때가 되면 인사를 하지 않겠는가 말이다. 본인이 상가입점허락위원회 위원장이라도 된단 말인가? 결국, 자기 밥그릇 챙기기 위해서라면 어떤 명분을 내세워서라도 물불을 가리지 않는다는 생각 아닌가? 처음엔 나도 실망스러움과 섭섭함을 토로했지만, 결국엔 서로 간의 오해를 풀고 잘 지내는 쪽으로 마무리 하였다. 그는 내가 추진하는 '슬로우 커피' 계획을 듣고는 안심하는 모양새다. 그런 생각이 들었다. 본점과 같은 정식 카페가 들어갔다면 아주 청와대에 민원이 들어갔겠다 싶었다.

분점 역시 오픈과 동시에 문전성시를 이루고 기대보다는 약간 못 미쳤지만 많은 분들의 성원 속에 서서히 자리를 잡아갔다. 조건은 보증금 천만 원에 월세 50만 원, 총 투자비는 인테리어 집기포함 약 800만 원이 들었다. 한마디로 미니 카페다. 하루매상을 최소 10만 원만 친다고 가정해도 한 달이면 260만 원(일요일 휴무)인데 월고정비를 100만 원으로 잡을시 160만 원이 남는 구조다. 800만 원을 투자해서 160만 원이 남는 구조라면 결코 나쁜 수익률이 아니다. 그런데 첫 달 매출을 약 350만 원 올렸으니 나쁘지 않은 성과였다. 참고로 이 상가역시 상권이 많이 죽어있는 상태였다. 이는 그동안 본점을 통해 꾸준히 쌓아 온 좋은 이미지 덕분이었다.

그러나 무슨 평행이론도 아니고 분점 역시 본점과 마찬가지로 전혀 예상치 못한 일들로 난관에 봉착하게 된다. 교육부 정책의 변화로 초등학교의 토요일 격주수업제가 전면폐지 된 것이다. 이 여파는 생각보다 컸다. 우선은 본점의 주말매출이 곤두박질 쳤다. 당연히 분점도 기대했던 주말매출이 반토막이 나기 시작했고, 시간이 흐를수록 주말상권이 아주 안 좋은 흐름으로 변모해 갔다. 자영업을 하는 사람들에겐 치명타였다. 특히, 우리처럼 학교를 끼고 있는 상권은 더욱 그랬다. 이렇게 되다보니 내가 유유자적하게 분점에만 있을 수가 없었다. 공교롭게 분점을 내는 시점에 이렇게 되니 정말이지 당혹스럽기 짝이 없었다.

실패가 없는 창업,
실패가 예정된 창업

창업에 실패가 있을까? 말장난 같지만 창업에는 실패가 없다. 자기자본이 있고 계약에 의거 장소가 선정되면 그 다음은 인테리어 꾸미고 아이템 집어넣고 가격 책정해서 장사하면 그만이다. 의미인즉, 장사를 시작하는 건 누구나 할 수 있다는 의미이다. 나 역시 그랬다. 평생 직장생활만 해오다가 처음으로 장사를 한다고 생각했을 때, 거침이 없어 보였다. 장사한다고 무슨 시험을 보는 것도 아니고, 관할 구청에 신고만 하면 그냥 하는 게 장사니까 말이다.

유식한 말로 진입장벽이 낮다. 그런데 둘러보면 장사하는 사람들이 많아도 너무 많다. 미용실을 가려고 찾아보라. 온통 세상천지가 다 미용실이다. 치킨집을 찾아보라. 피자집을 찾아보라. 마찬가지다. 약국이나 병원은 장사가 아닌가? 다 장사다. 한번은 치과에 가려고 치과를 찾으러 집 앞을 나섰는데 세상에 카페보다 더 많아 보이는 거다. 내가 사는 안암역 사거리 근처만 대충 둘러봐도 한 눈에 4~5개가 넘어 보인다.

이 말은 생각보다 중요한 의미를 가진다. 우리나라 사회경제 구조가 이미 심각한 수준에 이르렀다는 증거이기 때문이다. 수요보다 공급이 많으니 당연 경쟁이 치열해지고 가격은 떨어지게 되어 있다. 단순한 차별화를 넘어 가치를 만들어내지 못하면 외면받기 딱 좋은 세상이다. 어렸을 적 어른들끼리 하는 이야기를 들은 적이 있다.

"직장생활보다야 벌이가 낫지, 안 그러면 무슨 재미로 장사를 해."

그렇다. 어쩌면 장사는 그래야 하는 게 맞는 말 같다. 해보니 그렇다. 구구절절이 설명은 하지 않겠지만, 장사를 하는 사람들의 노동력은 상상보다 크다. 그러니 당연 직장생활보다야 뭐가 나아도 나아야 하지 않겠는가? 그런데 현실은 녹록치가 않다. 카페는 어떨까? 여기서는 커피를 위주로 하는 카페에 한정해서 말해본다.

카페창업을 위해 참 많은 카페를 돌아다녔다. 형태도 참 다양하다. 그러다보니 운영시간, 운영방식 등이 천차만별이어서 절대적으로 비교하기는 힘들지만, 일반적으로 한 달에 오너가 3백만 원을 벌어갈 수 있다면 그 카페는 아주 우수한 축에 속한다는 말을 무수히 들었다. 아마도 요즘엔 더 떨어졌을 것이다. 어떠한가. 구미가 확 떨어지는가? 그러나 이게 현실이다. 카페는 장소에 따라 다 다르겠지만, 초기 창업비용이 다소 많은 편이라고 할 수 있다. 우선 카페의 특성상 인테리어 비용에 많은 지출이 발생한다. 카페는 분위기 연출이 중요하기 때문이다. 그 다음으로 커피장비들이 고가인 편이며, 종류도 다양해서 세팅하기에 따라서는 기계 및 집기류에만 몇 천만 원이 들어가기도 한다. 거기다가 조금만 목이 좋은데서 해볼라치면 천정부지처럼 치솟은 권리금과 보증금 때문에 소위 투자금 회수에 상당한 시간이 소요된다. 다음 편에 구체적으로 이야기하겠지만, 사실 커피는 교양상품이며 동시에 문화상품이다. 스타벅스가 주도한 커피의 대중화가 낳은 부산물은 오늘날 사람들의 창업 아이템 1순위가 된 면도 있지만 커피 고유의 가치 즉, 사유나 본질에 대한 것들을 잃게 한 측면도 크다. 그런 가운데 커피를 생계수단으로만 보거나 자신의 이미지 제고차원에서 시작하는 분들이 많은데 그러다보니 잘 모르고 덤벼든 분들 중엔 시작하자마자 후회하는 분들도 있고, 특히, 생계형으로 시작하신 분들 중에는 1년을 제대로 못 버티고 그만두는 경우도 제법 많이 보았다.

그렇다면 내 경우는 어떤가 보자. 창업 첫 해, 기본 영업시간은 아침 10시부터 저녁 10시까지 총 12시간이었다. 나와 매니저 1명, 주말 알바 1명 총 3명이 기본 멤버였다. 가끔 주말 알바가 2명이 되기도 하였다. 우리 가게의 순수 커피 객단가는 결코 싸지 않았다. 아메리카노를 기준으로 HOT 3,900원, ICE 4,900원이었고, 핸드드립이

HOT 5,500원 ICE 6,500원이었다. 이 가격대를 우리의 경우는 거의 4년여를 유지했다. 가치가 없었다면 손님들은 더 이상 오지 않았을 것이다. 쉽게 계산해서 평균 객단가를 6,000원(우리는 원두판매가 전체 매출의 25%를 상회하는 수준이어서 객단가가 다소 높았다)으로 잡을 때, 하루 평균 40여명 정도가 찾아왔으니 일평균 24만 원 정도라 볼 수 있다. 손님 수가 작게 느껴지지만 객단가가 작지 않기에 이 정도의 매출을 올릴 수 있었던 것이다. 그 다음해에는 일평균 26만 원이 된다. 정리하면 한 달 기준 매출이 약 750만 원 선이다. 월세와 관리비를 합하여 120만 원 재료비 100만 원 인건비 150만 원을 평균으로 치면 대략 월 고정비가 370만 원이 나오고 세전기준시 약 380만 원이 남는 셈이 된다. 세후기준으로 하면 부가가치세 및 종합소득세 등을 제하면 대략 300만 원을 손에 쥔다는 계산이 나온다. 욕심 없는 부부가 운영한다면 인건비를 아껴 450만 원 정도가 남는 구조니 결코 나쁜 매출이라고 할 수 없다. 거기다, 동네상권에서 적은 손님 수(사실 적은 것도 아니다)로 영업을 하게 되니 기계노후도 더디 되어 여러 면에서 이익이 된다.

우리 카페가 이 정도 유지한데는 인근의 초등학교 특히, 카페 뒤 사립초등학교와 유치원 어머니들의 공이 크다. 동네상권 10평짜리 자그마한 카페에서 직원 2~3명을 고용하고 이 정도의 매출을 올리며 카페를 운영한다는 건 어찌 보면 행운이다. 물론, 사전 홍보활동과 다양한 전략들, 특히 연중 커피교실의 힘이 컸지만 말이다. 자본의 한계를 뛰어 넘으려면 발품과 전략이 있어야함은 당연한 이치다. 물론, 근본적인 단점도 있다. 방학에 의한 성수기 비수기의 차이가 커 이를 극복하기 위한 다각적인 노력이 필요하다는 점 등이다. 이 글을 보시는 독자 분들은 어떻게 생각하시는지 참 궁금하다. 이 정도면 성공한 창업이라고 할 수 있겠는가. 아님 한 달에 5백만 원도 못 버는 가게가 무슨 성공이야 하시며 조롱을 하실까. 카페창업을 하다보니, 자연스럽게 이곳저곳 동네상권에 위치한 카페들을 유심히 지켜보게 된다. 어떤 곳은 출근 전후로 들러 사장님들과 많은 대화를 나누게 되는 경우도 있다. 대학상권, 아파트상권, 지하철상권 등 종류도 다양하다. 그런데 다들 나름대로의 힘든 점들이 다 있었고, 그것을 극복하기 위해 참 많은 노력을 기울이시는 분들도 뵈었다. 반면, 가장 안 좋은 사례는 이런 경우다. 본인은 자본만 투자하고 남들보다 앞선다는 기획으로 좋은 지역에, 좋은 장비, 좋은 시설을 만들어 놓기는 했는데 뽑아놓은 매니저와 직원들에게만 카페운영을 거의 맡겨놓고 정작 본인은 이따금 나타나 커피 맛이 이상하다는 등

서울의 대표 로스터리 카페 부암동 클럽 에스프레소

소위 지적질만 한다. 그러다 결국 불만에 쌓인 직원들이 한꺼번에 나가게 되고 덜렁 사장 혼자만 남았는데 정작 이분은 아메리카노 한잔도 제대로 뽑지 못하는 사람이었다. 설상가상 자기 구미에 맞는 직원도 못 뽑고, 본인은 하기 싫고 결국, 수억 원의 손실을 감수하고 폐업을 하셨다. 그 후 이분은 카페에 대한 한이 남아서 프랜차이즈 카페로 초점을 돌려 매일같이 나를 찾아와 여긴 인수만하면 얼마를 번다, 이런데 2개만 계약하면 정말 좋겠다, 운영하기 어렵지 않다 등등 참 나를 많이 피곤하게 하셨던 기억이 난다.

또 한 사례는 내가 한때 살았던 구리의 아파트단지 중심상권 내 상가카페였는데 여긴 여사장님이 아침부터 저녁까지 나름 성실하게 운영을 하셨다. 그런데 문제는 카페가 특별한 콘셉트와 주 고객층에 대한 배려가 전혀 없었다는 것이다. 사실, 시설이나 장비는 꽤 준수한 편이었다. 아파트상권이면 주 고객이 학부모와 아주머니들인데 그들이 편하게 담소를 나눌만한 분위기가 전혀 아니었던 것이다. 마치 와인바 같은 분위기에 사장님의 스타일 역시 비슷해서 선뜻 들어가기가 부담스러웠던 것이다. 15평 정도였는데 월세가 무려 350만 원이었으니 매출부담이 만만치가 않은 곳이었다. 안타깝게도 월세는 우리보다 4배나 높았는데 매출은 우리카페 수준에도 미치지 못했다. 엎친 데 덮친 격으로 대형 프랜차이즈가 창업 후 6개월여 만에 인근에 우후죽순 생겨나면서 나중에는 업태를 바꾸어 저녁에 술을 팔다가 결국 1년여 만에 폐업을 하셨다. 정도의 차이는 있지만 이와 유사한 형태의 실패가 예상되는 창업은 무수히 많다. 본인 스스로가 커피에 대한 최소한의 실무준비와 전략이 수립되지 않았다면 차라리 프랜차이즈를 권하고 싶다. 프랜차이즈도 결코 쉬운 사업이라고만 볼 수는 없지만, 위의 사례처럼 뻔히 실패가 예정된 창업을 할 바엔 이 편이 훨씬 낫다고 보기 때문이다. 물론, 그들이 처음부터 이를 알았다면 그렇게 창업하지는 않았겠지만 말이다.

coffee

커피에 관한 기억들

유소년 시절 커피에 대한 나의 기억 중에 커피 마시면 머리가 나빠진다는 것이었다. 그리고 어린놈이 무슨 커피냐였다. 우리네 부모님들은 그렇게 알고 계셨고 그래서 어른들만이 누리는 대표적인 기호 식품 중엔 담배와 커피를 꼽을 수 있었다. 당시 웬만한 집 찬장 속에는 병으로 된 맥심커피와 프림이 있었는데, 우리 집도 예외는 아니어서 몰래 커피대신 우유 맛 나는 고소한 프림을 몇 스푼씩 떠먹던 기억이 있다. 어쨌든 커피를 못 마시게 한 핵심적 이유는 카페인 때문이었다. 카페인은 대표적인 각성성분으로 많이 섭취할 경우 뇌손상을 일으키며 그래서 공부하는 학생들의 머리를 나빠지게 해서 학습에 지장을 준다는 논리였다. 그러면서 왜 그런 커피를 어른들은 마시는지 늘 의아해했던 기억이 난다. 그러나 정작 성인이 된 후엔 그렇게 먹고 싶던 커피보다 담배를 먼저 배웠던 것 같다. 그런데 담배를 피우다보니 커피를 자연스럽게 마시게 되었다. 왜 그럴까? 그 둘의 궁합이 찰떡이다. 특히, 고기를 먹고 난 후의 담배 한 개피와 믹스 커피의 달달함은 중독성 그 자체였다.

중·고등학교 때에는 음악다방이라는 게 있었다. DJ들이 있어서 LP판으로 음악을 틀어주던 시절이었다. 그때 처음 원두커피라는 말을 들었는데 지금 와서 생각해보면 프림을 섞지 않은 소위 블랙이라는 이름의 인스턴트 커피였다. 알고보면 똑같은 맥심커피였는데 설탕과 프림을 타서 마시면 다방에서 파는 다방커피가 되고, 프림을 넣지 않고 블랙으로 마시면 원두커피라 불려도 누가 뭐라고 한 사람들이 없었던 것이다. 사실, 인스턴트 커피는 원두커피가 아니라 그 반대의 개념이다. 지금도 이 둘을 구분 못하시는 분들이 의외로 많다.

대학에 들어오니 구내식당이고 어디고 자판기가 많이 보였다. 역시 간편한 캔 커피다. 여름엔 시원한 캔 커피, 겨울엔 따뜻한 캔 커피를 교정 안 어느 곳에서든 쉽게 볼 수 있었다. 그때 당시 커피는 수업시간에도 마실 수 있었던 일종의 자유로움이었다. 가방 속에 숨겨놨다가 교수님의 강의가 지루해진다 싶으면 꺼내어 한 모금씩 마시는 재미가 쏠쏠했다. 다만 뚜껑을 딸 때엔 최대한 소리가 나지 않도록 손가락에 엄청난 신공을 가하여 천천히 떼어내야 했다. 지금 유행하는 스타벅스 같은 커피가 거의 없었기 때문에 이 캔 커피가 그 역할을 대신 해 주었던 것이다. 가장 기억에 남는 것은 학과 MT 갈 때 술 다음으로 캔 커피 몇 박스씩은 꼭 챙겨갔던 기억이 난다. 그래서 대성리 주변에서 내린 많은 대학생들의 짐 속엔 이 캔 커피 박스를 쉽게 볼 수 있었다.

뭐니 뭐니 해도 가장 따뜻했던 기억의 커피는 군대 생활 때 초소 근무 중 군종병이 타다 준 보온병 커피다. 특히, 추운 겨울 이등병 시절, 어려운 선임병과 1시간씩 근무를 서고 있을 무렵 먼발치서 플래시를 비추며 나타나는 군종병들이 마치 천사처럼 보였다. 어김없이 그들의 손엔 '마호병'(나중에 안 일이지만 마호병이라는 말은 일본어의 '마법병魔法瓶'에서 유래된 말이다)이라 불리는 큼지막한 보온병이 들려 있었고, 그 안에 든 커피 맛도 커피 맛이지만 선임한테 기합이라도 받는 순간에 나타나주면 그 커피가 기가 막히도록 반가웠다. 군대커피는 나도 나중에 타봐서 아는데 큰 들통에 대량으로 커피가루와 믹스, 설탕을 넣어 섞는다. 가까운 초소엔 주전자에 담아 가기도 하고, 먼 곳은 보온병에 담아 간다. 그 비율을 잘 맞춰 타 내는 게 노하우인데, 선임이 제대로 전수를 안 해주고 가면 커피 맛이 확 달라진다. 나중에야 봉지커피가 많이 나와 이런 걱정을 할 필요가 없게 되었지만 물의 비율은 여전히 중요했다.

직장생활을 시작하니 처음 보는 문화도 접하게 되었다. 여직원이 커피를 타다 주는 것이었다. 임원 비서가 주로 그 역할을 했는데, 처음엔 적응이 안 되었고 미안했다. 그것도 회의가 있을 때마다 인원수에 맞춰 들고 들어오곤 했는데 희한하게 커피를 안 마시는 사람은 아무도 없었다. 하루에 보통 4~5잔은 기본이었던 것 같다. 그래서 가끔 내가 탕비실이라는 곳에 들어가서 함께 여직원과 타곤 했는데, 위의 남자 선배들이 불러 그러지 말라며 주의까지 주었던 기억이 난다. 하지만 그것도 잠시였다. IMF 이후엔 경비절감 차원에서 탕비실이 없어졌기 때문이다. 그러다보니 자연스럽게 커피를 타 주는 문화는 사라지기 시작했다.

내 돈을 주고 마신 커피 중 가장 비싼 커피는 맞선에 가까운 소개팅 자리에서 마신 커피였는데, 프라자호텔 로비 커피숍에서 마신 최초의 VAT별도 9,000원짜리 커피였다. 결국, 지출된 비용은 9,900원 곱하기 2 해서 19,800원이었다. 당시엔 충격이었고, 마치 드라마의 한 장면처럼 어르신들의 강압에 의해 어쩔 수 없이 나간 자리인지라 그나마 제일 싼 걸 시킨다고 시킨 게 커피였다. 커피맛과 상대여성에 대한 기억은 전혀 나질 않고, VAT의 기억만 남아있다. 나중에 카페를 하면서 느낀 것이지만 VAT별도는 정작 나와 같은 영세 자영업자들에게 필요한 제도였다. 그러나 동네카페에서 지금 VAT별도를 표시하면서 운영한다면 많은 사람들이 비웃을 것이다. 정말 웃기지 않은가. 왜 호텔에서는 그래도 되고, 동네카페에서는 그렇게 하면 안 되는 걸까. 정확히 말하면 안 되는 건 아닌데 그렇게 하는 게 웃기는 것처럼 되어 있는 것이다. 어떤 면에선 1,000원짜리도 신용카드로

결제하는 요즘 세상에서 카드수수료는 수수료대로 부담하면서 부가
가치세도 운영자가 부담한다는 건 불합리하다.

　제대로 된 원두커피를 마신 최초의 기억은 2000년대 초반 회사
근처에 '쟈뎅'이라는 커피전문점에서였다. 당시엔 외국에서 들어 온
커피브랜드인 줄로만 알았는데 나중에 알고 보니 1984년도에 설립
되고 1988년도에 생긴 우리나라 최초의 원두커피 전문점이었다. 뭐
역사적으로 흘러 들어가면 최초는 더 있을 수 있겠지만 현대식 커피
전문점의 형태로서는 일본 '도토루'에 견줄만한 커피 전문점이었다
는 데 이의를 달 사람은 별로 없을 것이다. 1998년도 이대 앞에 스타
벅스 1호점이 생긴 이후 우리나라 커피문화는 느닷없이 원두커피와
테이크아웃 문화가 붐을 타게 된다. 그리고 전통적인 다방커피 문화
에 선을 긋고 원두커피라고 하는 영역에서 국내 토종기업을 대표하
는 쟈뎅이 외로이 자리하고 있었다. 귀한 손님이 오면 점심을 대접한
후 쟈뎅에 가서 잘 알지도 못하는 원두커피를 마셨던 기억이 난다.
나에겐 그저 맥심보단 덜 단 커피였을 뿐이었다.

　콜롬비아 타타마. 2009년 내가 커피를 처음 배우기 시작할 때 직
접 볶아 마신 최초의 싱글오리진 커피이다. 한마디로 커피의 신세계
로 나를 이끌어 준 친구이자 창업초기 우리 카페의 주력 품종이었
다. 내게 있어 커피는 달거나 쓰거나 둘 중 하나였다. 아마도 우리나
라 대부분의 사람들이 그러했을 것이다. 그런데 이렇게 커피가 시큼

하면서도 역하지 않을 수가 있을까 싶었다. 이것이 타타마를 마신 후 느낀 첫 감흥이었다. 커피 맛에도 나름의 단계라는 게 있다. 기본적으로는 단맛, 쓴맛, 신맛이 있는데 그 중에서도 신맛이 가장 커피를 세련되고 수준 있게 즐기는 단계라는 것이다. 사실, 스페셜티라 불리우는 품종들에서는 과일 맛 나는 향미를 흔히 맛 볼 수 있는데 그 향미들이 대체적으로 산미를 포함하고 있다. 좋은 품종의 커피생두를 제대로 된 로스팅 포인트로 잡아서 볶아내면 품종의 차이는 조금씩 있을지언정 기분 좋은 신맛을 즐길 수 있다.

다양한 커피의 세계

2

고독한 40대 이혼남의 벗, 로스팅

인생이란 게 재밌다. 한 때는 이혼한 친구들을 보면 색안경을 끼고 본 적이 있었다. 적어도 나만 잘하면 이혼이란 건 피할 수 있는 거 아닌가 싶었나보다. 그런데 어느 날 보니 내가 이혼남이 되어 있었다. 웃기는 얘기 같지만 이혼남에게 로스팅은 참 좋은 친구가 된다. 늦은 밤 영업시간이 끝날 무렵, 난 나만의 로스팅 세계로 들어간다. 매장의 불을 대부분 끄고, 로스터기 근처의 몇몇 조명만 밝힌다. 오로지 나만이 이 무대의 주인공이 된다. 20여분 정도의 로스터기 예열을 기다리는 동안 오늘 볶을 생두들을 1kg 단위로 담아 줄을 세운다. 오늘은 약 8kg의 생두를 볶는다. 내가 쓰는 로스터기는 1kg 짜리 용량이라 결국, 여덟 번을 볶아야 한다. 1kg를 볶는데 소요되는 시간은 대략 냉각시간까지 포함해서 15분 정도를 보면 된다. 커피콩이 볶아지는 동안 나는 멍하니 로스터기 앞에 앉아있다. 그러나 온 몸의 감각기관은 온전히 열려있어 커피콩의 타는 냄새와 타닥타닥 하는 팝핑 소리에 온통 신경이 곤두 서 있다. 그 때만큼은 잡생각도 들지 않을 뿐더러 주위상가들도 영업이 종료된 시간이라 고요한 적막감이 이내 자유로움으로 느껴져 온다.

생두는 품종에 따라 머금고 있는 수분의 함량이 다 다르다. 그래서 어떤 생두는 7분 만에 어떤 생두는 9분 만에 1차 팝핑이 오는데 이 때 가열차게 온도를 올려주면서 배기구를 열어주면 이내 기다렸다는 듯이 연기를 뿜어낸다. 영화로 말하면 클라이맥스로 치닫는 것이다. 격렬한 팝핑이 약 1~2분간 지속되다가 갑자기 조용해지는 순간이 온다. 마치 물을 끓일 때 끓는점까지는 팔팔 끓다가 막상 끓는점을 넘어서게 되면 그 소리가 작아지는 것과 비슷하다. 이제 2차 팝핑이다. 2차 팝핑은 로스팅 포인트 용어로 풀씨티를 막 넘어서는 단계인데 1차 때 보다 훨씬 빠르고 격렬해진다. 이 시점부터 커피가 좀 더 태워지느냐 좀 덜 태워지느냐에 따라 맛이 결정되는 것이다. 이제는 배출의 순간만 남았다. 로스터는 이때가 가장 긴장된 순간이다. 한쪽 손에 들린 커피콩 체크수저로 몇 번을 로스터기에 넣었다 뺐다를 반복하면서 커피콩의 상태를 모니터링 한다. 마지막으로 소리와 냄새 그리고 뿜어져 나오는 연기 및 이미 원두로 변한 색깔을 동시에 체크하다가 이 때다 싶을 때 배출구를 힘껏 들어올린다. 절정의 순간 바사삭, 파다닥, 툭툭, 하는 소리와 함께 파란 생두가 어느새 검은 원두로 변신해 내 눈앞에 나타난다. 순간 반갑고 뭔지 모를 뿌듯함이 샘솟는다.

로스팅이란 쉽게 말해 커피를 태우는 작업이다. 관건은 더 태우느냐 덜 태우느냐로 보면 된다. 말한 대로 로스팅은 원재료인 생두를 일정 시간동안 태워 적절한 시점에 배출시키는 것인데, 각각의 재료가 그 적절한 시점이 다 다르다. 그것을 배우는 게 로스팅 공부라 보면 된다. 사실 기계에 재료를 넣고 볶는 것은 마치 밥솥이 밥을 짓는 것처럼 기계가 거의 다 한다. 그건 쉽다. 누구라도 할 수 있는 것이다. 단, 백미냐 현미냐 잡곡이냐에 따라 세팅시간 및 조건이 달라지는 것처럼 커피도 대륙별, 나라별, 품종별로 다 포인트가 다르다. 또, 경우에 따라 한 품종만을 가지고도 여러 가지 포인트로 볶아내기도 하는데 그런 경우는 한 품종으로 다품종을 만들어 낸 것과 같은 효과를 가져다준다. 당연한 얘기지만 맛이 다 다르기 때문이다. 커피의 재미는 사실 여기에 있다. 뒷장에서 설명하겠지만 커피 맛의 세계는 그래서 오묘하다. 다소 덜 볶아도 때론 더 볶아도 커피가 가지고 있는 고유의 조직이 파괴되면서 나름의 향과 맛이 연출된다.

그렇게 40대 이혼남의 고독한(?) 밤은 자정을 훌쩍 넘겨 새벽 1시를 향하고 있었다. 마음엔 판매할 커피재고를 미리 확보한 것에 대한 뿌듯함과 안도감, 뭔가 내 손으로 작품하나를 만든 것 같은 자부심으로 3시간여의 로스팅이 마무리 된다.

아마도 같은 시간, 일반적인 내 또래의 가장들은 어디선가 동료들과 술잔을 기울이거나 가족들과 북적대며, 행복한 혹은 갈등의 밤을 보내고 있을 것이다. 자영업자라면 나처럼 아니 어쩌면 더 늦게까지 밤을 지새우며 일할 것이고 말이다. 그러나 커피 일이 다른 업종과 다른 것은, 로스팅하는 동안 몸에 가득히 밴 커피 향을 날리며 매장 문을 나선다는 것이다. 향수가 따로 필요 없다. 갓 볶은 커피향이 향수가 되어 내 몸을 감싸기 때문이다. 그래서 주변 사람들에게 항상 기분 좋은 커피냄새가 난다는 말을 듣곤 했다. 특히 그 말이 좋았던 건 연애할 때였다. 40대 이혼남, 그러나 로스팅하는 남자에겐 고독도 감미롭다.

그렇다면 로스팅은 어떻게 해야 잘 할 수 있을까? 당연한 얘기지만 많이 볶는 거다. 보통 로스터들은 프로파일이라는 걸 작성한다. 나도 처음엔 열심히도 프로파일을 작성했다. 예열온도, 생두별 온도추이, 시간대별 화력 조절, 배기량 체크, 색깔 및 냄새변화 등등.

그러나 지금은 프로파일을 작성하지 않는다. 이젠 머릿속에 다 있기도 하지만, 교육용이라면 모를까 실무적으론 거의 필요가 없기 때문이다. 생두는 같은 품종이라 해도 그 해의 작황에 따라 상태가 다른데, 기후조건에 민감한 커피의 특성상 일조량과 기타 변수, 가령 화산폭발이나 서리 등에 의해 그 질이 판이하게 달라진다. 그래서 수입되어 들어오는 생두에 대한 테스트 로스팅이 필요하다. 내 경우는 로스팅 포인트를 약, 중, 강 세 단계로 볶아 적절한 포인트를 찾는다.

그 과정에서 커피의 상태와 질은 어느 정도 파악이 된다. 요컨대, 커피상태는 일단 볶아보고 마셔봐야 알 수 있다.

　간단하게 말하자면, 로스팅 단계는 구분방법에 따라 최대 9단계까지 구분이 가능하다. 이를 좀 묶어서 1~3단계를 약배전, 4~6단계를 중배전, 7~9단계를 강배전이라고 하자. 대체적으로 대륙별로 봤을 때 콜롬비아를 포함한 파나마, 과테말라, 코스타리카 등의 중미 커피들은 과일향 나는 부드러운 산미를 강조하기 위해 대체적으로 중배전을 포인트로 잡는다. 세계 최대의 커피생산국이자 남미를 대표하는 브라질의 경우는 구수하면서도 기분 좋은 쓴맛을 위해 강배전을 포인트로 잡는다. 아프리카는 좀 다양한데 최고의 커피 맛으로 인정받는 케냐는 중강배전, 탄자니아는 강배전, 에티오피아는 중약

필자의 로스팅 하는 모습

배전을 각각 포인트로 잡는다. 마지막으로 아시아권을 대표하는 인도네시아는 대개 중강배전을 포인트로 잡는다.

만일, 커피 일을 진정으로 원한다면 먼저 로스터가 되어 보시길 권하고 싶다. 그래야 커피를 감각적으로 이해할 수 있기 때문이다. 커피를 기술적 지식으로만 이해하는 것도 중요하지만, 커피 본래의 특성을 가장 잘 파악할 수 있는 로스팅이야말로 진정한 첫 걸음이라고 말할 수 있다. 그렇다고 꼭 비싼 대가를 지불하라는 의미는 아니다. 시중에서 쉽게 구할 수 있는 수망 로스터기 등을 구입해서 집에서 먼저 볶으면 된다. 요즘은 인터텟 동영상을 통해서도 얼마든지 로스팅 방법을 배울 수 있다. 그렇게라도 해서 볶아보면 생두가 태워지는 과정을 보는 것만으로도 큰 공부가 된다. 실험정신이 강해서 프라이팬이나 밥솥(찐다고 봐야함) 등 다양한 기구들을 이용해서 볶아 드시는 분도 본 적이 있다. 이런 실험정신을 말리고 싶진 않다. 이런 방법이든 저런 방법이든 커피를 이해하는 데 어떻게든 도움이 된다고 보기 때문이다.

로스터들은 반드시 겨울을 좋아한다. 그렇다. 로스터기에서 방출되는 열이 상당한데 바로 그 곁에서 함께 씨름을 해야 하기 때문이다. 물론, 이열치열도 나름의 쾌감은 있을 수 있지만 오뉴월 로스터기 옆 온도는 섭씨 40도가 훌쩍 넘는다. 반면 추운 겨울날 로스터기 옆은 따뜻한 난로라고 보면 된다. 나와 같은 40대 고독한 이혼남들의 애인 없는 겨울밤은 외로울 수 있다. 나는 그 일곱 번의 겨울을 로스팅과 함께 했다. 술과 담배보다 훨씬 낫다. 그것은 내 감정과 생각의 배출구가 되어 외롭지도 않다. 여건이 허락된다면 한번 로스팅을 해보시라.

3

아메리카노 vs 핸드드립

이제는 대중들의 커피에 대한 이해수준이 많이 올라왔다고 하지만 여전히, 핸드드립 커피를 아메리카노로 생각하고 주문하시는 분들도 의외로 많다. 그게 뭐 그리 중요한가에 대해 나도 동의한다. 그래서 요즘은 이해를 돕기 위해 아메리카노처럼 마시는 핸드드립, 혹은 손으로 내린 아메리카노라고 설명을 해 드리곤 한다. 하지만 엄밀히 말하면 핸드드립 커피와 아메리카노는 다르다. 여기서 굳이 아메리카노와 핸드드립의 차이를 구체적으로 설명하지는 않겠다. 이 글은 커피자체를 가르치려는 의도도 아니거니와 웬만한 정보는 인터넷을 검색해보면 더 친절히 설명해 준다. 외국인들 눈에 된장찌개와 청국장이 같은 것으로 보인다 해서 뭐라 할 사람은 없다. 그러나 그 둘의 차이는 엄연히 있고, 그걸 모르는 한국인은 거의 없다. 만일 식당에서 된장찌개를 시켰는데 청국장이 나오고, 청국장을 시켰는데 된장찌개가 나온다면 여러분은 어찌하겠는가. 마음씨 좋은 분이야 웃으면서 그냥 먹을 수도 있겠지만, 대다수는 항의할 것이다. 그게 그거 같지만 전혀 다르다는 걸 우린 잘 알기 때문이다.

아메리카노와 핸드드립도 같은 맥락이라 보면 된다. 주로 핸드드립으로 내려 마시는 싱글오리진, 혹은 스트레이트 커피라 부르는 커피는 대표적인 슬로우 커피다. 그리고 핸드드립은 이 커피들을 가장 원형적으로 즉, 개별품종의 특성과 본질적인 맛을 가장 잘 표현해 주는 추출방법이다. 그래서 커피를 공부할 때 제일 먼저 배워야하는 추출법은 핸드드립이다. 핸드드립 커피를 마시기 위해선 대부분 블랜딩 되지 않은 개별품종을 싱글로 내려 마시는 것이 좋다. 보통 블랜딩은 커피의 다양한 맛 성분을 섞어 조화를 이루는 게 목적이기 때문에 로스팅시 강배전을 많이 하게 된다. 그래서 아메리카노의 베이스가 되는 에스프레소는 거의가 블랜딩이며 중배전 이상이다. 반면, 핸드드립의 경우는 커피가 가지고 있는 다양한 맛 성분 중 부드럽고 상큼한 산미를 즐기기 위한 목적이 크기 때문에 약배전을 주로 하게 된다.

대표적 페스트 커피인 에스프레소는 이태리를 중심으로 전 유럽에 걸쳐 발달했다. 최초로 에스프레소 머신을 만든 나라가 이태리이기 때문이다. 그리고 에스프레소에서 중요시 하는 건 맛의 균형이다. 향, 맛, 느낌, 여운 이 네 가지의 균형이 고루 갖추어졌을 때 우린 퍼펙트 커피라 명명한다. 에스프레소는 핸드드립과 달리 기계의 기술적 요건들 가령, 추출시간, 기압, 온도 등이 기계적으로 잘 세팅되어 있어야 한다. 그래서 대체적으로 장비가 고가이다. 그리고나서 커피에서 가장 맛있는 성분만을 추출하기 위해 능숙한 바리스타가 포터필터에 커피분말을 다져 약 9기압 전후의 압력으로 빠른 시간에 추출한다. 참고로 크레마가 풍부한 에스프레소를 약 20~30초 안에 20~30ml로 추출하게 된다.

사실 아메리카노는 가장 맛있는 커피다. 그래서 어렵기도 하다. 무슨 말인고 하니 우리나라 사람들이 가장 선호하는 커피가 아메리카노이며, 카페별로 차이는 있지만 통계적으로 커피매출의 70%가 아메리카노이기 때문이다. 그래서 카페에선 아메리카노의 맛에 신경을 제일 많이 쓴다. 즉, 에스프레소 맛 관리가 제일 중요하다는 의미이다. 에스프레소 맛 관리가 잘되기 위해선 원재료가 되는 각 개별 생두의 적절한 로스팅이 우선되어야 한다. 우리 카페의 경우는 영업 초기 케냐AA와 콜롬비아 계열, 인도네시아 만델링을 주요 베이스로 해서 만들었다. 내 로스팅에 원칙이 있다면 개별 생두가 가지고 있는 고유의 특성을 최대한 끌어내는 것인데, 케냐AA는 사실 에스프레소로 쓰기에는 커피자체가 거의 완벽한 균형감을 가지고 있어서 효율성이 그다지 높지 않다. 다음으로 콜롬비아 계열은 중남미 특유의 산미를 연출해 주기 때문에 지금도 즐겨 쓰고 있으며, 마지막으로 인도네시아 만델링은 묵직한 바디감을 살려주기 위해 반드시 포함되어야 한다.

　　지금은 몇 차례의 수정보완 끝에 주로 콜롬비아 후일라, 인도네시아 만델링, 코스타리카 SHB를 4:3:3의 비율로 블랜딩한다. 이 블랜딩의 콘셉트는 너무 무겁지 않으면서도 밝은 기운이 도는 향미와 여운을 주는데 중점을 두었고, 만델링을 제외한 나머지 두 품종을 비교적 가볍게 로스팅함으로서 쓴 커피에 부담을 느끼는 30대 중반 이상의 아이를 둔 여성들이 많이 선호하는 블랜딩이다. 여기서 한 가지 천기누설(?)을 하자면 인도네시아 계열 중에 아체라는 품종이 있는데 이 녀석이 요물이다. 아체는 인도네시아 수마트라 섬의 북서쪽에 위치한 곳으로 여기서 재배된 품종은 그 특별한 토양을 닮은 아주 독특한 향을 발산한다. 그래서 나는 한동안 만델링 대신 아체를 써왔는데 그 매력에 한번 빠지면 헤어나오기가 힘들다. 한 가지 큰 단점이라면 수입원이 거의 한 업체로 지정되어 있다시피 하고 작황이 너무 불규칙하여 연중 상당기간 수입이 안 되곤 했다. 그러다보니 커피 맛의 일관성을 유지하기가 힘들어 그 맛의 편차 때문에 운영상에 애로가 많았다. 그래서 항상 일관된 커피 맛을 유지하는 게 쉽지 않다.

　　창업 초기 나는 일반 카페들과의 차별성을 핸드드립 커피에 두었다. 2010년도는 커피시장에서 로스팅이 주된 관심사로 떠오르는 시기였는데, 수많은 스트레이트 커피의 향연은 바로 이 핸드드립에 의해서 연출되기 때문이다. 그러나 지금도 여전히 그렇지만 많은 사람들은 핸드드립 커피에 대한 이해가 많이 부족했기 때문에 보다 많은 사람들에게 친밀하게 다가가는 방법이 필요했다. 그것이 바로 우리가 시행했던 "행운의 커피"이다. 이는 기존의 드립카페들이 많이 행했던 "오늘의 커피"를 발전시킨 프로그램인데, 우선 매장에 들어오시는 손님들에게 바리스타는 메뉴판과 함께 "금일 행운의 커피는 00입니다" 라는 메시지를 전한다. 대부분의 손님들은 "행운의 커피"가 무엇인지 묻게 되고, 이내 바리스타는 "행운의 커피를 드시는 분께는 행운권을 드리며 나가실 때 행운권 뒷면에 연락처를 명기하여 응모함에 넣어주시면 됩니다." 라고 권한다. 아울러 추후에 추첨을 통하여 원두와 기타 상품을 드린다고 하면 대부분의 손님들은 뭔가 행운이 깃들 것을 기대하며 주저 없이 행운의 커피를 드셨다. 이를 통해, 우리가 기대하는 효과는 우선, 매일매일 달라지는 맛있고 신선한 핸드드립 커피 맛으로 손님을 매료시키고, 또 하나는 행운권을 통해 재미와 정보(행운권엔 해당 커피에 관한 간단한 정보가 쓰여 있다)를 제

크레마 풍부한 아메리카노(좌) 신선한 핸드드립 커피(우)

공함으로써 다시 카페를 방문하고 싶은 마음을 주었다는 것이다. 실제로 우리 카페는 드립커피의 판매비중이 상당히 높았고, 이는 곧 원두판매로 이어지는 효과를 나타냈기 때문에 카페의 전문성 제고와 매출향상에 큰 기여를 했다.

혹시, 독자들은 이런 의문을 가지신 적은 없는지 궁금하다. 왜 핸드드립 커피가 아메리카노보다 대체적으로 가격이 비싼 걸까? 결론부터 말하면 꼭 그래야 할 이유는 없다. 굳이, 이유를 든다면 아메리카노의 베이스가 되는 에스프레소는 3일에서 7일 정도의 숙성기간을 두고 사용하게 되고, 상대적으로 많은 양을 회전하게 된다. 그러다보니, 마진구조는 박해도 박리다매로 팔다보면 이익이 더 되니까 더 싸게 팔 수 있는 결과가 나온다. 반면에 핸드드립은 보통 적게는 4~5종에서 10여 종까지 갖추고 운영을 하게 되는데 드립커피를 찾는 비중이 그만큼 적고 선호도가 떨어지기 때문에 많은 양을 재고로 쌓아놓고 운영하기가 어려워 가격 책정 시 그 부분을 반영했다고 보아야 할 것이다. 한 가지 더 이유를 댄다면 다양한 품종에 대한 이해를 가지고 있는 바리스타의 추출역량 및 노임(리소스)에 대한 일종의 팁이 포함되었다고 생각하면 무방할 것 같다.

커피맛을 좌우하는 요소들

커피는 음식이다. 커피는 음료이다. 여러분은 어느 말에 더 동의가 되는가? 나의 경우 커피는 음식에 해당한다. 내 어머니는 비교적 요리 솜씨가 좋으시다. 그 중에서도 동태찌개가 일품인데, 어느 날 어머니가 해주신 걸 먹고 실망스러워 했던 기억이 있다. 알고 보니 동태의 상태가 별로 안 좋았던 것이었다. 요리의 달인이신 어머니도 어쩔 수가 없었던 모양이다. 아무리 온갖 정성에 양념에 모든 신공을 넣어도 결국, 동태찌개의 생명은 동태에 있다. 커피도 그러한 관점에서 보면 다르지 않다. 그렇다고 우리 어머니와 내가 신선한 동태를 잡으러 바다로 갈 수는 없는 일이다. 우리가 할 수 있는 최선은 믿을 수 있는 가게, 믿을 수 있는 사장님을 통해 값싸고 질 좋은 신선한 동태를 구매해 오는 것이다.

그나마 동태는 좀 낫다. 사실 커피생두는 우리나라에서 쉽게 재배하기 어려운 재료이기 때문이다. 안타깝게도 커피가 잘 재배되는 나라는 우리나라를 제외한 커피벨트라 불리는 지역에 집중되어 있다. 커피벨트란, 적도를 중심으로 북위 23.5도, 남위 23.5도 사이에 걸쳐 있는 지역을 말하는데 콜롬비아, 파나마, 코스타리카, 하와이, 인도네시아, 베트남, 탄자니아, 케냐, 에티오피아, 르완다, 브라질 등이다. 또한 커피가 자라기에 좋은 자연환경 역시 우리나라와는 많이 다르다. 주로 화산재 토양이면서 산비탈과 같은 경사지대에, 고도가 높고 연중 강수량이 너무 많지 않고 일조량이 짧으며 그늘재배가 가능한 비교적 서늘한 지역이어야 한다.

다행히 오늘날 우리나라의 커피시장이 커지면서 해외에서 들여오는 커피의 질이 점점 좋아지고 있다. 커피 수입업체가 많아지고 경쟁이 심화되면서 양질의 커피를 값싸게 들여오는 대규모 단위의 업체들은 대형 저장고 설비를 갖추고 영업다각화에 힘쓰고 있다. 그 덕분에 소분(소량)으로 주문하는 시스템도 잘 발달되어 있어 전화한통이면 금세 매장으로 생두가 배달되어 온다. 패킹기술도 발전돼 진공으로 1kg 단위씩 마치 벽돌처럼 포장되어 오기도 한다. 이 말은 곧 생두의 질 걱정은 안 해도 되는 환경이 이미 갖추어져 있으며 로스터가 오로지 로스팅에만 집중할 수 있는 행복한 세상이 되었다는 것을 의미한다.

사실 과거 1970~1980년대까지만 해도 우리나라에는 정식으로 커피를 수입하는 업체가 그리 많지 않았다. 주로 일본을 통한 간접수입 혹은 동남아를 통해 들여오는 비공식적인 채널이 많아 오늘날과 같은 질 좋은 스페셜티 커피를 구경하기가 쉽지 않았다. 그러다보니 당시의 로스터들은 지금보다는 다소 커피를 강배전으로 볶는 경향이 많았다고 한다. 그래서 소위 쓴 커피, 깊은 바디감이 느껴지는 커피가 주류를 이루었다. 그 때 당시 우리나라 커피 1세대 바리스타들이라 할 수 있는 1서 3박 선생님들(박상홍, 박이추, 박원준, 서정달 선생)에 해당되는 이야기다. 대부분 지금은 작고하셨지만 아직 현역으로 활동하시는 박이추 선생의 커피를 마셔보면 알 수 있다. 내 경험은 한마디로 강렬했다. 당시의 열악했을 생두환경에서 그 정도로 깊이 있는 맛을 연출해 내셨다는 것은 가히 커피의 신공이라 할 만하다.

개인적인 생각으로 오늘날 수입되는 커피생두나 로스팅 기계들은 너무 좋아져서 좀 심하게 말해 대충 볶아도 맛있다고 생각된다. 그렇다면 커피 맛을 결정짓는 요소들은 자연스럽게 생두, 로스팅, 추출, 이렇게 3요소를 꼽을 수 있는데, 세월의 흐름에 따라 비중도 달라졌다.

생두가 발달되지 못한 1970~1980년대까지는 '생두 : 로스팅 : 추출 = 2 : 5 : 3,' 1990년대와 2000년대 초반까지는 '생두 : 로스팅 : 추출 = 4 : 4 : 2,' 2000년대 중반부터 지금까지는 '생두 : 로스팅 : 추출 = 6 : 3 : 1' 정도로 보면 맞을 것이다. 결국 재료의 관점에서 보았을 때 생두가 차지하는 비중이 점점 커져왔고 커피 맛을 결정짓는 요소 중 첫 번째로 꼽아도 무리는 아닐 것이다.

　두 번째는 두말할 것도 없이 로스팅이다. 어떻게 보면 가장 직접적인 요인이라고 볼 수 있다. 하지만 앞장에서 말했듯이 로스팅은 로스터의 생두에 대한 이해에서 판가름이 나기 때문에 로스터의 역량에 따라 편차가 크다고 할 수 있겠다. 간혹, 장사를 하다보면 이런 질문을 흔히 받을 때가 있다. 다른 곳에서 마신 케냐와 사장님이 내려 주신 케냐가 맛이 왜 이렇게 차이가 나는가. 같은 커피, 같은 방식으로 집에서 내려 마셨는데 매장에서 사장님이 내려 주신 것과 왜 이리 차이가 나느냐 하는 질문들이다. 좋은 질문인데, 어려운 질문이기도 하다. 먼저, 같은 케냐가 아닐 수 있다. 즉, 등급이 AAA일 수도 있고 AB일 수 있다. 두 번째는 재배년도가 1년 이상 차이가 날 수도 있다. 오래된 생두라면 수분이 그만큼 적어 드라이 한 맛이 강할 것이다. 그 다음으로는 로스터의 실수다. 케냐의 특성을 잘못 이해하고 포인트를 놓친 경우다. 마지막으로는 로스터의 의지다. 해당 로스터는 자유의지대로 그렇게 볶고 싶었던 것이다. 그리고 집에서 내려먹는데 왜 차이가 나는가 하는 질문에 대해서는 커피보관 방식 및 분쇄상태, 추출자의 역량차이로 요약하고 싶다. 커피는 '건냉암소'라 하여 건조하고 차갑고 어두운 곳에 보관해야 신선도가 오래가는데 그렇지 못한 경우이거나 처음부터 커피를 카페에서 분쇄해감으로써 커피산화 속도를 증가시켜 맛이 떨어지는 경우다. 끝으로, 카페 바리스타는 많

은 커피를 오랫동안 추출한 경험이 많은 전문가이기 때문에 개인소
비자보다는 더 맛있게 추출할 확률이 높다고 봐야한다.

　　커피에서 추출이라는 용어는 영어로 브루잉Brewing에 가깝다. 즉,
커피의 성분 중 가장 맛있는 성분을 압력이나 드랍drop 방식을 이용
하여 우려낸다는 의미다. 이 커피 브루잉에서 중요한 요소는 커피
양, 물의 양, 커피분쇄도, 물의 온도, 압력 정도 등이다. 이런 요소의
차이에 따라 커피 맛이 크게 달라질 수 있는데, 이해를 돕기 위해 간
단히 정리를 하자면 커피원두를 분쇄할 때 입자가 클수록 신맛이 강
해지고, 입자가 작으면 작을수록 쓴맛이 강해진다. 또, 물의 온도가
낮으면 낮을수록 신맛이 강해지고, 반면 온도가 높으면 높을수록 쓴
맛이 강해진다. 그래서 사실 커피인들이라면 누구나 공감하시겠지만
그라인딩은 커피 맛에 영향을 주는 매우 중요한 결정 요소이다. 커피

커피산지에서 커피열매를 수확하는 모습

원두의 균일한 분쇄크기가 추출영역에선 가장 중요하다. 그래서 커피인들은 돈을 모아 자동차를 사는데 쓰려 하지 않고 그라인더에 투자한다.

커피 이외의 요소도 커피 맛에 많은 영향을 줄 수 있다. 우선은 바리스타의 마음가짐이다. 바리스타 스스로 행복하고 손님에게 최선을 다해 맛있는 커피를 내리려는 진심으로 다가가면 손님들도 그렇게 느끼고 커피 맛도 더 좋게 느끼는 것이다. 반대의 경우도 마찬가지 인 것 같다. 내가 손님의 입장으로 카페를 갔을 때 조사나 비판적인 측면에서 커피를 대하면 온전하게 즐기지 못하게 된다. 마음을 열고 바리스타가 서비스 해 준 그 정성에 감사하며 마신다면 훨씬 더 그 커피가 맛있게 느껴진다. 이는 사실이다. 모든 음식과 마찬가지로 커피 역시 정성이 담기고 사랑이 담길 때 더욱 그 가치가 발현되는 것이다.

모두에게 감사하는 마음, 그 마음이 모든 것의 시작이어야 한다. 커피라고 예외일 수는 없다. 같은 커피라도 아침에 마시는 커피, 저녁에 마시는 커피가 다르다. 몸이 아플 때 마시는 커피, 건강할 때 마시는 커피가 다르다. 여행을 떠나 한적한 곳에서 여유를 느끼며 마시는 커피와 바쁜 일상에서 치열하게 살며 마시는 커피 또한 다르다. 흔히들, 인생을 쓴 커피에 비유하곤 한다. 나는 이렇게 바꿔서 말해보고 싶다. 인생은 갓 볶아 신선하고 맛있는 케냐AA처럼 충분히 매력 있고 살만한 가치가 있는 것이라고.

기준! 스타벅스 커피

40대 후반을 달리는 내게 커피문화에 대한 기억은 별로 없다. 술도 그리 좋아하지 않았지만 대학생활 때에도 우리의 문화는 오로지 술이었다. 요즘 친구들처럼 다양하게 맛있는 브런치, 카페 등을 찾아다니면서 맛집 투어 하는 걸 보면 격세지감을 느낀다. 꼭 유명한 집이 아니어도 그들이 보기에 괜찮다 싶으면 검색신공을 발휘하여 어떻게든 찾아내고 만다. 종종 우리 카페에도 커피투어(카페투어 겸)를 오시는 손님이 있었다. 부끄럽지만 과한 칭찬을 해 주시는 분들이 그동안 적지 않게 있었다. 그 중 가장 인상 깊었던 스토리는 한 커플이 커피투어를 하러 강릉의 유명 카페들을 돌아다녔는데 그곳에서 만난 분들과 얘기하다가 서울 가면 이 집을 꼭 가보라며 우리 카페를 추천했다는 것이다. 그리고 한참을 헤매던 끝에 결국 찾아오셔서 그날 볶은 콜롬비아 후일라를 핸드드립으로 드시곤 "저희가 찾았던 바로 그 커피 맛이에요, 감사해요." 하면서 감격스러워 하셨다. 솔직히 나를 포함해 커피인들은 이 맛에 일한다. 이들은 스타벅스를 비롯해 체인화 된 커피의 개성 없음을 싫어하는 커피 덕후들이다.

한국의 원두커피 시장은 1999년 스타벅스 상륙 이전과 이후로 나눌 수 있다. 소위 봉지커피와 자판기 커피의 나라 한국, 바로 인스턴트 커피에 젖어 있는 한국에 제대로 된 원두커피 문화를 알린 전도사이기 때문이다. 물론, 아시아권에도 이미 일본의 도토루나 토종 기업 자뎅 등이 있었지만, 그 정도는 미미했다. 스타벅스 커피는 공간적 편익을 콘셉트로 세계적으로 뻗어 나갔으며, 그러다보니 자연스럽게 우리는 기존에는 경험해 보지 못했던 스타벅스 커피에 매료되었다. 솔직히 말해 그 분위기에 흠뻑 빠졌다. 커피 문외한이던 나에게 스타벅스 커피는 좋게 말해 강렬했고 나쁘게 말해 쓰디 쓴 커피였다. 하지만 어느 누구도 거기에 반박하기보단, 스타벅스 브랜드를 향유했다. 세간 말로 간지가 나는 것이다. 스타벅스 이전에는 멋의 주제가 커피였던 적은 거의 없었다. 그러면서 자연스럽게 원두커피는 스타벅스라는 암묵적인 기준이 생겨버린 듯하다. 스타벅스 커피는 전통적으로 강배전이다. 이는 스타벅스의 창업자 하워드 슐츠의 고집이었다. 아무래도 유럽의 커피와 카페모델을 벤치마킹 한 영향이 컸다고 봐야 할 것이다.

　육류를 위주로 하는 미국인에게 있어 커피는 빼놓을 수 없는 기호식품이다. 그러나 그러한 미국에서도 과거 1970~1980년대까지는 저급커피가 주를 이루었다고 한다. 사실 어떻게 보면 미국인들조차도 스타벅스 덕분에 질 좋은 스페셜티 커피를 대중적으로 마시게 되었다 해도 과언이 아니다. 스타벅스의 성공 이후 생겨난 많은 로컬 내 신생 커피업체들이 북미 대륙을 뜨겁게 달구면서 질 좋은 커피 경쟁이 불붙기 시작했고, 1980년대 이후 미국은 유럽에 버금가는 커피소비 대국이 되었다. 그러나 그러한 과정에서 스타벅스도 많은 부침을 겪게 된다. 어느 순간 미국 내 스타벅스는 커피만으로는 한계에 부딪혀 주류를 팔거나 사업을 다각화하는 주가관리 회사로 변모해 가기 시작했다. 개인적으로 스타벅스는 존경받을 만한 기업이라 생각하지만 커피라는 영역만 놓고 봤을 때는 아쉬움이 크다. 커피인의 한사람으로서 좀 더 수직적으로 파고 들어가지 못하는 것에 대한 아쉬움 말이다. 그래서 난 한 때(지금도 미련은 있다) 스타벅스를 능가하는 커피 체인모델을 만들고 싶었다. 결국, 자본의 한계 등 여러 가지 능력부족으로 그 꿈을 아직 실현시키지 못했지만, 기회가 된다면 꼭 한번 도전해보고 싶은 마음이다.

　어쨌든 어느 순간 스타벅스는 커피의 기준이 되었다. 그것이 카페이든 커피 맛이든 공간이든 그 어떠한 것도 스타벅스의 질주에 맞설 만한 업체는 없어 보였다. 다만, 커피의 본고장이라 할 수 있는 유럽이나 유럽문화권의 호주 등을 제외하고 말이다. 그 이후 가속화된 세계화의 물결을 타고 아시아시장을 타깃으로 한 다국적 커피업체나

브랜드들이 늘어나기 시작했다. 그 대표적인 업체가 커피빈이었다.

커피빈 커피는 기존의 스타벅스 커피맛과 다소 대조를 이루었다. 2000년대 중반 소비자의 커피기호가 조금씩 변화해 가는 걸 쉽게 볼 수 있었다. 동료 여직원들이 언제부터인가 스타벅스보다 커피빈 쪽으로 더 많이 가는 것이었다. 이유를 물어봤다. 그랬더니, 하나같이 커피빈의 라떼가 훨씬 맛있다는 답이 돌아왔다. 에스프레소가 마일드 하면서도 산미가 있었는데 우유가 들어 간 라떼의 경우 커피와 균형을 맞추면서 맛이 고소하고 부드럽다는 의견이 지배적이었다. 나중에 알고 보니 사용하는 원두도 더 고급재료를 쓴 다는 것이었다. 커피의 문외한이었던 내가 맛보기에도 그 차이는 뚜렷이 느낄 수 있었다. 대체적으로 20대 젊은 여성 직장인들을 커피 시장 내 오피니언 리더라고 볼 수 있는데 그들의 기호가 변화해 가고 있었던 것이다. 이후, 한국의 많은 커피업체들이 난립하면서 춘추전국을 넘어선 커피전쟁 아니 커피광풍이 불어 닥쳤다.

이 시점에 카페베네를 논하지 않을 수가 없다. 한 때 미디엄로스트라는 기치를 내걸고 부단히도 각종 매체를 도배하면서 외식사업에도 다양하게 진출한 카페베네. 그러나 한국 커피시장에서 지금의 카페베네는 대표적인 실패사례로 전락할 위기에 봉착해 있다. 커피맛만 놓고 봤을 때 나름의 고민한 흔적은 엿보인다. 그런데 에스프레소를 근간으로 하는 페스트 커피 프랜차이즈에서 미디엄로스트는

악수다. 미디엄로스트는 핸드드립으로 내려먹는 싱글오리진(스트레이트 커피) 커피에 어울리는 로스팅 포인트이기 때문이다. 내가 카페베네 커피사업부 사람들과 얘기한 건 아니지만, 스타벅스와의 차별을 무리하게 꾀하다가 발생한 에러라고 나는 본다. 앞서 말했던 커피빈은 강배전 커피의 대명사 스타벅스보다 1~2단계 포인트를 낮추는 대신 재료의 질을 높여 바디감과 산미를 둘 다 살린 대표적인 케이스라 볼 수 있지만, 카페베네는 에스프레소가 갖추어야 할 최소한의 포인트에서 너무 나가버린 것이었다. 에스프레소는 에스프레소로서, 싱글오리진은 싱글오리진으로서의 특성을 살려주면서 가야하는데 말이다. 즉, 차별화를 위해 멀건 청국장을 내 놓았다가 맛없는 된

1999년 스타벅스
이대 1호점 개업식(위),
하워드슐츠 스타벅스 회장
(아래)

장찌개가 된 꼴이다. 이후, 커피라는 영역에서 카페베네는 소비자들의 외면을 받기 시작한다.

　아울러 언제나 기준이었던 스타벅스도 서서히 시장 기호에 편승해 가기 시작한다. 최근 들어서는 싱글오리진 에스프레소를 포함해서 전반적으로 중약배전의 트렌드에 확실히 편승한 것을 볼 수 있다. 이 글을 쓰기 하루 전에도 나는 오랜만에 동네에 있는 스타벅스를 가보았다. 정말 오랜만이다. 커피 하는 사람들은 애써 체인커피숍을 찾아가는 경우는 드물다. 그런데 정말 당황스러웠다. 특징이 없었다. 미안하지만 한마디로 맥락이 없는 맛이었다. 그래서 매니저에게 정중히 물어봤다. 그리고 기사 검색을 해봤더니, 아니나 다를까 스타벅스 역시 수차례에 걸쳐 마일드하고 배전도를 낮춘 커피로 변모해 왔다는 것을 알 수 있었다. 문제는 거기에 있는 것이 아니었다. 이건 에스프레소와 싱글오리진의 경계에 선 이도 저도 아닌 애매한 커피가 되어버렸기 때문이다. 순간 묘한 감정이 흐르기 시작했다. 일종의 곤혹감 같은 것 말이다.

　그건 아마도 아이폰을 사용하는 아이폰 덕후들이 스티브 잡스 죽음 이후 애플 특유의 곤조를 잃어버려 아쉬워하는 마음과 비슷한 것 같다. 그런데 스타벅스 역시 그와 비슷한 곤조를 잃은 듯한 느낌이 들어서였다. 물론 시장과 소비자의 기호에 맞추어가는 기업의 노력은 반드시 있어야 한다. 그런데 지금의 스타벅스 커피의 맛은 곤조도 잃고, 기준도 잃어버린 느낌이었기 때문이다.

맛있는 커피, 비싼 커피,
좋은 커피에 관한 이야기

이 세상에서 가장 맛있는 커피는 무엇일까? 그것은 바로 남이 타준 커피란다. 그런데 남이 타준 커피인데도 맛이 없다면? 그건 농담이 아니라 진짜 맛이 없는 커피일 확률이 높다. 우리가 흔히 아는 비싼 커피가 있다. 커피 루왁, 블루마운틴, 하와이안 코나 등이다. 아마도 한 잔에 최소 만 오천 원에서 삼만 원 이상 지불해야 할 것이다. 그렇다면 이 커피들은 맛이 있는가? 분명히 맛이 있다. 그러나 또 분명히 맛이 없다고 말하는 이도 있다. 그것은 기호의 차이다. 맛은 있지만 그 가격을 지불할 정도로 맛이 있다고는 할 수 없는 사람도 있을 것이다. 그렇다면 좋은 커피는 무엇인가? 그리고 맛있고 비싸면 좋은 커피라고 할 수 있겠는가? 유기농 커피, 그늘 재배 커피, 스페셜티 커피 이러한 것들이 좋은 커피일까? 그렇다면 좋은 커피의 기준은 무엇인가?

　지금 우리는 무슨 이야기를 하고 있는가? 그렇다. 원두커피에 관한 이야기이다. 그 중에서도 싱글오리진 즉, 스트레이트 커피를 주제로 이야기하고 있다. 달달한 다방커피나 캐러멜 소스를 듬뿍 넣어 만든 캐러멜 마끼아또는 정말 훌륭하다. 그러나 본질적인 커피 맛보다는 첨가물을 넣어 즐기는 것이니 여기서는 논외로 하자. 그럼 다시 돌아와서 우리는 좋은 커피의 기준을 좀 짚고 넘어가보자. 여기서 좋은 커피란 재료로서의 생두를 의미한다(생두도 커피로 명명한다). 살펴보면 수확한지 1년 이내, 고지대에서 생산되어 밀도가 높은 생두New Crop중 짙은 청록색을 띠며 결점두Defected beans가 적고 크기가 균일하며 사이즈가 큰 것을 흔히 좋은 생두라고 한다. 그리고 한번쯤은 들어보셨을 스페셜티라 불리는 커피의 경우(SCAA 기준) 수분함량이 최소 10~13% 이내이면서 콩의 크기가 전체 샘플편차 5% 이내에 들 정도로 균일해야 하며 오염된 냄새가 나지 않는 커피여야 한다. 이것도 모자라 COE Cup of Excellent라 하며 커피가 재배되는 나라를 중심으로 그 해에 최고의 커피로 선정되어 전 세계에 경매되는 커피를 말한다. 곧, COE 커피는 좋은 커피이면서 동시에 비싼 커피로 등극이 되는 셈이다.

　위의 내용만 놓고 보면 좋은 커피는 맛있고 비싸다는 공식이 성립이 된다. 그렇지만 요즘 커피 수입업체들은 자체적으로 커피농가와 계약을 맺고 품종을 개발하거나 상호 신뢰 하에 직거래를 하는 경우도 많다. 이 말은 가성비, 즉 가격 대비 좋은 품질을 확보하기 위한 다각적인 노력들이 만들어 낸 최고레벨의 커피이자, COE에 상위 랭크 한 아주 값비싼 커피까지는 아니더라도, 충분히 준수한 맛을 낼 수 있는 수준의 커피생두들을 공급해 준다는 의미이다. 실제로 수입업체에 주문을 하면 한 품종이 일 년 내내 꾸준히 공급되는 경우는 거의 없다. 반드시 중간에 한두 번은 품절이 된다. 그런 경우 업체는 대체 생두를 권유하는데, 대체 생두가 시원치 않은 경우는 다른 업체에 문의해서 주문을 하면 된다. 대부분의 수입업체들은 직거래도 하지만 주로 선물방식에 의해 수입을 해 오기 때문에 그때그때 가격과 커피 양, 그리고 질이 달라진다. 원유의 수입방식과 비슷하다고 보면 된다.

자, 여기까지가 재료단계의 커피다. 어떤가? 재료로서의 커피는 그 세계가 다소 복잡해 보이지 않는가? 그러나 우리는 어디까지나 한 잔의 맛있는 커피를 즐기고자 하는 소박한 커피음용자 일 뿐이다. 그러므로 우리는 재료단계의 커피까지 헤아려 마실 필요는 없다. 크레마가 풍부한 에스프레소를 즐기든, 깔끔하고 정갈한 드립커피를 마시든 말이다. 우리는 그저 맛있는 커피, 좋은 커피를 구분해 낼 줄 아는 능력만 키우면 되는 것이다. 그건 생각보다 어렵지 않다. 에스프레소의 경우, 우선 시각적으로 지방질이 풍부한 황금색 크레마가 두껍게 층을 형성하고 있으면 좋다. 가급적 빠른 시간 안에 마실 것을 권하며, 첫 모금에 코끝을 자극하는 특유의 휘발성이 느껴져야 한다. 이후 쓴맛, 단맛, 신맛의 순서로 입 안 가득 퍼지면서 목젖을 타고 들어 갈 때, 벨벳 같은 부드러움이 느껴지면 훌륭한 커피다. 반면, 싱글 오리진 커피는 향 자체에서 타고 올라오는 특유의 신선함을 느낄 수 있어야 한다. 그동안 많은 손님들을 상대로 지켜본 결과 커피의 신선함은 맛을 아는 사람이든, 모르는 사람이든 누구나 직감적으로 알아채게 되어 있다. 음식 맛의 반은 신선한 재료 맛이듯, 커피 역시 갓 볶아 낸 커피 특유의 구수함과 신선함이 가감 없이 느껴지기 마련이다. 그 신선함에 대해 난 막힌 코를 뻥 뚫어 주는듯한 신선함이라고 표현한다.

그 다음으로 맛있는 커피라면 마시고 난 뒤 더 마시고 싶은 마음이 들어야 할 것이다. 커피 일을 하면서 또 하나 기분이 좋은 때는, 손님께서 리필을 요청할 때다. 바로 그것이 마시고 난 뒤 더 마시고 싶은 마음이기 때문이다. 또 손님이 가시고 테이블을 정리할 때 자연스럽게 보이는 잔 안에 남은 커피 양을 보면서 손님이 내 커피를 맛있게 즐기셨는지 아닌지 대략 알 수 있다. 가끔, 커피가 많이 남아있기라도 하면 갑자기 부끄러워지고 미안한 마음이 드는 건 지금도 여전하다. 다른 이유일 수도 있지만 내 커피가 그분의 기호에 맞지 않았을 수 있기 때문이다. 앞서 말했던 스타벅스의 커피에 길들여진 많은 사람들은 우리 카페에서 마실 때 보리차 같고 너무 연하다는 말씀을 하시곤 했다. 그럴 때는 샷을 추가로 요청하셨으면 했다. 역설적인 얘기 같지만 연하게 볶은 커피라 해서 진하게 마시지 말라는 법은 없기 때문이다. 사실 유럽이나 북미 등지의 카페에서 손님들의 요구는 상당히 까다롭다. 샷은 물론이고 설탕과 각종 소스의 추가, 물의 온도, 얼음의 양, 휘핑크림의 유무 등 한 고객이 주문 한 번 할 때마다 요구사항이 엄청 많다. 반면 한국 손님들은 비교적 심플하다. 일하는 사람 입장에선 물론 편할 수도 있겠지만, 맛을 추구하는 데 있어선 다소 까다로울 필요도 있다. 단, 정중하게 말이다. 커피를 맛 있게 즐기는 방법에는 크게 두 가지가 있다. 맛있는 커피 집을 찾아서 마시는 방법과 자기 스스로 맛있는 커피를 만들어 마시는 방법이다. 가능하다면 일단 둘 다 해볼 것을 권하고 싶다.

한잔의 신선한 커피를 만들기 위한 과정

또 하나 맛있는 커피가 되려면 마실 때 목넘김이 편하고 차갑게 식어도 맛이 좋아야 한다. 그리고 대체적으로 첫맛은 다소 진하고 쓰지만 마실수록 부드러움이 느껴지면서 상큼한 신맛이 올라온다면 그런 커피는 분명 고급커피다. 그래서 커피를 진정으로 즐기는 단계가 오면 쓴맛보다는 신맛을 아는 단계에 올라섰을 때라고 커피인들은 흔히 말한다. 기분 좋은 신맛은 단맛도 수반하기 때문에 그 영역까지 갔다면 하산해도 좋다.

마지막으로 커피는 다른 품목과 달리 신선함을 추구하는 기호식품이다. 그래서 브랜드가 아무리 훌륭한 커피라 할지라도 신선함이 없다면 맛이 있을 수 없는 게 정상이다. 로스팅 후 일자가 너무 지난 커피라든지 적절치 못한 방법으로 보관하거나 추출할 시, 위에서 언급한 맛의 조건을 두루 갖춘 커피라 할지라도, 혹은 그 이상의 어떤 커피라 할지라도 맛있게 즐길 수 없다.

이제부터라도 커피를 소량으로 구매해서 빨리 마셔 없애는 습관을 들여 보자. 믿을 수 있는 동네카페를 단골로 지정하여 로스팅 날짜를 확인하고 구매하는 습관을 들이면 좋다. 가급적 개인용 그라인더를 구비하여 추출직전에 분쇄하여 내려먹는 것이 바람직하다. 이 정도만 지키면서 커피를 즐길 수 있다면 꼭 값비싼 COE나 스페셜티가 아니더라도 충분히 맛있고 좋은 커피가 항상 여러분과 함께 할 것이다.

커피가 좋은 이유

나는 이쑤시개를 자주 이용한다. 근데 이쑤시개는 왜 그렇게 한번 쓰고 버리는 게 아까운지 책상 위 어디엔가 꼭 놔두게 된다. 즉, 몇 번을 쓰다가 버리게 되는 게 이쑤시개다. 그런데 그 얇고 작은 이쑤시개는 어디에다 놔도 전체 경관을 망친다. 주위의 책, 노트북, 화장품, 핸드폰, 라디오 어떤 것과도 조화를 이루지 못한다. 결국, 책장 안쪽 안 보이는 곳, 이쑤시개 통 위에 살포시, 숨기다시피 올려놓게 된다. 누가 볼 일도 없는 데 말이다. 반면, 커피는 어느 곳에 놔둬도, 어느 누구에게 주어도 잘 어울린다. 근사하게 보이기까지 한다. 커피에는 그 대상을 멋지게 만들어주는 그 무엇이 있음에 틀림없다. 사물을 차별할 생각은 없지만 세상에는 사람과 공간의 격조를 높여 주는 아이템이 존재한다. 대표적으로 와인과 커피가 그렇다. 커피는 좀 더 대중적이어서 친근하기까지 하다.

　예전에 커피 일을 하는 여러 사람들에게 자주 했던 질문이 있다. 커피가 그리고 커피 일이 왜 그렇게 좋으냐고 말이다. 가장 많은 답변은 커피를 그라인딩 할 때 즉, 분쇄할 때 나는 커피향이 너무 좋아서라는 것이었다. 그 향에 한번 매료되면 헤어나기가 어렵다는 것이었다. 솔직히 나는 그 정도는 아니지만 그 말에 상당부분 동의한다. 커피 향에는 사람의 마음을 무장해제시키는 힘이 있다. 내가 일하는 카페는 작지만 사랑방 분위기가 풍기는 아담한 카페로 미송합판이 겹겹이 벽면을 두르고 있고, 은은한 조명이 갖춰져 있다. 핸디캡이 하나 있다면 환풍시설이 열악해서 출입문을 살짝 여닫아 가며 환기를 시켜야만 한다는 것이다. 그 덕분에 커피를 로스팅하거나 커피를 내릴 때면 발생되는 커피의 진한 연기와 냄새가 온 벽면에 수년간 배여 – 일하는 나나 직원들은 잘 못 느끼지만 – 들어오는 손님마다 탄성을 올린다.

　"와! 커피냄새 너무 좋다!"
　외관상 화려한 카페는 아니지만 커피 향 가득한 커피숍으로 들어오시는 손님의 뇌리엔 그 향기가 무엇보다 화려한 '인테리어'로 기억되는 것이다. 때론 시각보다 후각이 더 강렬하다.

　앞에서도 말했지만, 커피는 사람을 보다 더 자유롭게 만들어주는 매력이 있다. 나는 다소 권위적이고 보수적인 집안에서 자라나 경직된 직장문화를 거쳐 온 사람이다. 원래 나 같은 성향의 사람들이 욕망의 분출구가 터지면서 사고를 친다. 이른바 송곳이다. 억눌려 있던 자아가, 자유에 대한 갈망이, 한꺼번에 표출되기 때문이다. 나는 그래서 항상 자유를 꿈꾸며 살아왔다. 오죽하면 내 블로그 이름이 '자유로운 영혼'이었을까? 적지 않은 세월 조직생활에서 알게 모르게 습득된 나의 경직된 사고는 커피를 하면서 조금씩 변화하기 시작했다. 그러나 쉽게 그 때가 빠지지는 않았다. 많은 시행착오와 인내가 필요했다. 커피는 그러한 나를 옆에서 묵묵히 응원해준 친구와 같은 존재였다. 마치 여행의 동반자처럼.

실제 커피여행은 신선한 즐거움과 자유로움을 선사해 준다. 이전의 여행들과는 비교가 되지 않는다. 이유는 바로 여행에 테마가 있기 때문이다. 테마가 있는 여행은 즐겁다. 어느 나라 어느 지역을 가더라도 그곳을 대표하거나 회자되는 카페나 음식 그리고 커피들이 꼭 있기 마련이다. 무작정 떠나는 여행도 좋지만, 이렇듯 내가 관심 있어 하고 궁금해 하는 테마가 있게 되면 그 여행이 한결 풍요로워짐을 느낄 수 있다. 그래서 혼자 하는 여행도 나쁘지 않다. 테마가 있으면 혼자 하는 여행에서 오는 뻘쭘함도 극복할 수 있다. 오히려 집중력이 더 커져서 가는 곳마다 신기함과 반가움이 더해가기 때문이다. 물론, 친구랑 다니면 더 좋다. 나는 직원들과도 커피투어를 정기적으로 다니곤 했는데 반응이 아주 뜨거웠다.

커피는 원래 역사적으로 중세전후 유럽의 교양 있는 사람들이 즐기는 지식인들의 문화적 코드였다. 7세기경 아프리카에서 최초로 경작된 커피가 예멘과 터키를 거쳐 유럽전역에서 꽃을 피우기까지 약 천년의 시간이 흐르지만, 본격적인 커피의 전성기는 14~16세기를 전후한 유럽의 르네상스와 더불어 누렸음을 말할 수 있다. 그래서 그런지 커피는 커피 일 하는 사람들을 실제보다 더 고상하게 만들어주는 어떤 힘도 가지고 있는 것 같다. 나는 지금껏 커피 일을 해오면서 자주 이런 소리를 들었다.

"어머! 좋으시겠다! 커피 일 저도 하고 싶어요, 제 로망이에요."
"분위기 있어요."
"멋져요!"
이런 말을 들으려고 시작한 것은 아닌데, 커피나 커피 일을 가지고 부정적으로 말하는 걸 들어본 적이 없다. 분명 커피를 더 좋아하게 되는 이유가 된다.

언제 어디서나 커피를 즐기는 필자

그리고 커피는 사람을 늙지 않게 한다. 아니 정확히 말하면 노화를 더디게 만든다. 내 나이가 한국나이로 47세인데, 제대로 된 커피를 마시기 시작한 이후로, 또래의 친구들보다 최대 10살까지도 어리게 본 분들이 많았다. 지금은 오히려 콘셉트를 '올드 & 카리스마'로 바꾸어 5살 정도로 간격을 좁혀 두었지만 말이다. 무슨 약장수 이야기처럼 들으시는 분도 있겠지만, 이미 과학적으로 입증된 면들도 있고 스스로 임상실험(?)을 해 본 결과 상당한 효과를 봤다고 확신한다. 우선 많은 사람들은 커피 하면 카페인, 카페인 하면 이뇨작용을 떠올린다. 그래서 몸속에서 수분이 많이 배출되니까 피부노화가 촉진되는 거 아니냐? 이렇게 생각할 수 있다. 맞다. 노화가 촉진되는 분들 많다. 그런데 그건 커피 때문이 아니고 스트레스 많이 받고 동시에 술 담배 많이 하는 사람이 커피를 마셔서다. 이뇨작용은 몸속의 노폐물을 소변으로 빠지게 해 주는 거니까 나쁘지 않은 것이며, 그 양이라는 게 일상생활 중에 우리가 배출하는 소변 양과 큰 차이가 없다. 물 한 두 컵 더 마시면 해결 될 일이다.

커피성분 중에는 이 밖에도 피부에 도움이 되는 비타민과 함께 폴리페놀, 그 중 카테킨이라는 성분이 있는데 카테킨의 주요 작용이 항산화작용이다. 항산화작용이 바로 피부의 노화를 더디게 만들어주는 것이다. 더치커피를 포함한 신선한 슬로우 커피를 마시면 그 효과는 배가가 된다. 실제 더치커피에는 폴리페놀 화합물인 클롤로겐산 Chlorogenic acid 의 함량이 일반 에스프레소보다도 훨씬 많다고 보고되어 있다.* 그러므로 더치커피는 항산화작용이 더 우수하다. 이 외에도 이뇨작용의 증가로 니코틴 해독과 혈당수치 정상화, 운동하기 30분 전 음용 시 신진대사를 촉진시켜 다이어트에도 유익하다고 하니 어찌 커피를 좋아하지 않을 수 있겠는가! 나는 건강전도사는 아니지만 평소 꾸준한 운동과 자극적이지 않은 식습관, 그리고 내가 직접 로스팅하여 만든 신선한 커피를 슬로우, 페스트로 다양하게 만들어 하루 3~4잔씩 지난 7년간 마셔왔다. 그 결과 지금까지도 내 피부와 몸매는 일반적인 40대와 달리 탄력 있고 슬림하다. 믿거나 말거나.

그렇지만 뭐니 뭐니 해도 커피가 좋은 가장 큰 이유는 마시는 즐거움이다. 몸에 좋은 걸 찾는다면 굳이 커피만 찾을 필요는 없다. 무슨 스테미너 음료도 아니고 말이다. 커피가 한 모금 목젖을 타고 내려가는 순간, 밤새 잠들어 있던 오장육부의 모든 세포가 하나하나 깨어난다. 그 향과 특유의 신선한 맛이 나를 일으켜 세운다. 다른 말이 필요 없다. 그냥 맛있다. 사람마다 커피를 마시는 습관들이 다 다르다. 어떤 사람들은 아침에 일어나자마자 빈 속에 커피부터 들이키다시피 하는 사람도 있다. 하지만 내 경우는 맛있고 신선한 한 잔의 커피를 마시기 위해 아침밥부터 단단히 챙겨먹는 편이다. 과일도 곁들이면 더 좋다. 쾌변까지 해주면 금상첨화다. 그렇게 아침에 출근을 하고 카페 오픈준비를 마치고 나면 대략 오전 9시50분. 영업개시

---

* 황성희 외 3명, 「추출시간에 따른 더치커피 추출액의 페놀성분과 항산화효과의 변화」, 대한보건협회 『대한보건연구』 39권 2호 (2013)

10분 전. 혼자 조용히 의자에 앉아 전날 볶아 두었던 원두를 꺼내 커피를 내려 마신다. 너무 너무 맛있다. 특히, 그 신선함은 내가 내 자신에게 보장한다. 이 때가 나에겐 천국이요, 가장 행복한 시간이다. 그래서 난 이 커피를 좋아하지 않을 수가 없다.

커피에 정답은 없다.
그러나 오답은 있다.

우리나라는 지금 커피공화국의 수준을 넘어 커피 왕국이 된 분위기다. 커피 한 톨 경작하기 어려운 나라에서 커피가 재배되는 웬만한 국가들보다 더 많은 커피를 소비하니 말이다. 실제로 전 세계 도시 중 스타벅스가 단위 면적당 가장 많은 지역이 바로 서울, 강남이다. 이제 좀 시들해질 만도 한데, 시장은 마치 메이저리그와 마이너리그로 양분된 듯 서비스를 중시하는 커피회사와 가성비를 주무기로 하는 저가커피 회사의 치열한 접전이 벌어지고 있다. 인스턴트 커피는 또 어떤가? 많은 사람들이 생각할 때 원두커피 회사가 너무 많이 생겨나 인스턴트 커피회사가 타격을 받을 것 같지만 실제는 그렇지 않다. 비중은 예전보다 많이 줄었지만 시장 사이즈는 예전보다 더 커져서 실제 이마트, 홈플러스 등 대형마트 전체 매출기여 1, 2위를 다투는 품목이 바로 인스턴트 커피라는 걸 아시는지 모르겠다. 거기다가 요즘은 편의점에서 더 다양한 종류의 커피를 파는 것 같다. 가령, 일반 원두 커피전문점에서 헤이즐넛 커피를 파는 경우는 거의 없다. 천연 헤이즐넛은 열매로 씹어 먹기도 하는데, 헤이즐넛 커피라 함은 보통 제조사에서 인공적으로 헤이즐넛 액상이나 향을 입혀 만든 인스턴트 커피를 말한다.

특히, 요즘과 같이 장기적으로 경기불황이 예상되다보니, 아메리카노 기준 1,000원짜리 편의점 커피부터 1,500원에서 5,000원 전후 가격대 커피까지 라인업이 다양화 됐는데, 그 기준점은 3,500원 정도가 되는 것 같다. 그 이상의 가격대는 서비스로, 그 이하는 저가커피 개념으로 접근한다고 보면 될 듯하다. 그리고 요즘은 전문 커피업체는 아니지만 커피를 서브로 해도 결코 서브 같지 않은 노력을 기울이는 곳들이 많다. 그 중 대표적인 곳은 맥도널드 커피다. 다국적 기업으로서 확보하고 있는 구매력으로 질 좋고 낮은 단가의 원두를 제공받을 수 있다. 최근 다시 유럽을 대표하는 라바짜 커피를 쓰는데 1,000원짜리 커피 중에 가성비는 최고라 할 수 있다. 그렇다면 이렇게 가격대가 천차만별인 커피들의 맛은 그 가격차이 만큼 맛도 다를까? 결론부터 말하면 그렇지 않다. 커피맛과 가격은 비례하지 않는다. 심하게 말하면 1,000원짜리 맥커피가 4~5천 원 하는 커피보다 더 나은 경우도 많다.

보통 우리가 어떤 음식을 사먹을 때 100%는 아니지만 가격과 질은 어느 정도 비례한다. 그런데 왜 커피에선 이런 현상이 나타나지 않을까? 여러 이유가 있겠지만 시발점은 아무래도 거대자본을 무기로 목 좋은 곳에 입점전략을 시행해 온 직영 체인사업자, 혹은 프랜차이즈 사업자들이 그 중심에 있다고 봐야 할 것이다. 부동산부터 마케팅 비용에 이르는 총비용 구조를 감당해내려면 아무래도 가격 책정이 높을 수밖에 없다. 그러면서도 수준이상의 커피를 제공하기 위해선 공정상의 추가비용이 필요하기에 브랜드 값만큼 커피수준이 못 따라갈 수도 있다. 그러다보니 경쟁은 치열해져만 가고 소위 스페셜티라고 불리우는 커피가 대세지만 비싸서 전량을 쓸 수는 없고, 아주 소량의 질 좋은 커피와 다소 떨어지는 등급의 커피를 섞어 팔면서 광고는 콜롬비아○○, 수프리모 스페셜티 커피 하면서 고객을 잡으려 애를 쓰게 된다. 거의 대부분의 업체가 이런 식이다보니, 커피맛이 오히려 하향평준화 된 느낌마저 든다.

결국은 블랜딩 싸움이 된 셈인데, 이 블랜딩이라는 게 하루아침에 올라서는 게 아니다. 앞에 언급된 라바짜 커피 외에도, 일리 커피 등이 있는데, 이런 커피들은 유럽에서 이미 수십 년 동안 커피를 맛있게 만드는 일만 연구해 온 기업들의 상품이다. 그들의 영역은 이제 홈 카페 영역까지 입지를 굳히고 있다. 반면, 우리나라 커피업체들의 경우는 그들과 비교하면 경험과 노하우 면에서 일천하다. 나는 그게 우리나라 사람들의 커피음용 수준과 비례한다고 본다. 처음부터 제대로 된 커피를 경험해 보지 못한 나라요, 사람들이기에 커피 맛보다는 다른 편익을 즐기기 위해 카페에 가는 경향이 더 컸다. 그래서 전통적으로 우리나라 사람들의 입맛엔 달달한 다방커피 아니면 소위 블랙이라 불리는 쓴 커피가 선호되어 왔다. 선호할 수밖에 없었던 이유는 그런 커피들밖에 없었기 때문이다. 단지 거기에 길들여진 것이다.

그런데 요즘은 어떠한가? 부암동 '클럽 에스프레소', 강릉 '테라로사' 등과 같이 한국을 대표하는 커피업체들이 하나 둘 주목 받기 시작하고, 각종 지자체에서 지역의 활성화를 위해 커피관련 행사를 자주 개최한다. 또, 매년 열리는 다양한 카페 쇼 등을 통해 선보이는 선진 커피국가들의 커피를 접하면서 예전보다 훨씬 커피 음용수준이 올라온 것을 알 수 있다. 대표적인 예가 에티오피아 계열의 커피들(시다모, 예가체프, 짐마)이나 중미 커피들(코스타리카, 파나마, 과테말라)처럼 산미를 자극하는 커피들을 선호하는 사람들도 예전보단 많아졌다는 것이 이를 방증한다. 그리고 이러한 커피들을 맛있게 내려 마시는 추출법까지 알고 마시면 그 맛은 배가된다. 이렇듯 커피에 정답은 없다. 커피를 만드는 방식도 다양하고, 기호도 다양하며, 종류도 엄청나게 많기 때문이다. 그러나 몇 가지 아쉬운 점들은 있다. 첫 번째로 커피가 너무 상업적으로만 조명되어 왔다는 점이다. 커피 맛이나 문화보다는 원가를 낮추어 일정 수준만 갖추려 한다. 커피 질이나 다양성보다는 서비스나 이미지로 고객을 확보하려는 것 같아 안타깝다.

먼 나라 미국에서부터 이웃한 일본의 경우만 봐도 참으로 부러운 커피문화들이 많다. 미국의 경우엔 지역을 중심으로 소위 컬트 커피 브랜드가 발달된 예가 많다. 스텀프 타운이나 인텔리전시아 등이 대표적이다. 이들은 자체적으로 까다로운 기준을 적용해서 커피를 서비스 한다. 거래의 방식이든, 직원을 교육하고 운영하는 방식이든지 말이다. 무엇보다 천편일률적이지 않아 좋다. 독자적인 이미지와 콘셉트를 유지하되 커피에서만큼은 양보가 없다. 그것은 끊임없는 커피 맛에 대한 연구와 열정에 기인하며 동시에 지역사회의 주민들과 함께 성장한다는데 의의가 있다. 일본의 경우는 아주 전통적인 도제식 커피문화를 자랑한다. 실제 일본에 가보면, 지역마다 많게는 100년 가까이 된 작고 낡은 커피숍들을 심심치 않게 발견할 수 있다. 우리보다 앞서 커피문화를 받아들인 일본은 세계 3대 커피수입국이다. 우리와 달리 일본 사람들은 집에서 커피를 내려 마시는 비중이 크다. 그러다보니 자연스럽게 커피원두를 구매하는 문화가 일찍 자

필자가 개인적으로 좋아하는 호주 멜버른의 커피문화 : 개인이든 집단이든 다양하고 자유롭게 커피를 즐길 수 있는 배려의 문화가 곳곳에 배여 있다. 커피도시답게 스타벅스와 같은 체인점보다는 개성이 뚜렷한 개인카페가 더 많아 즐겁다.

리 잡았다. 그들은 어떤 커피가 오답인지 구분 해 낼 수 있다.

    올해로 커피를 업으로 한지 연수로 7년 차다. 서두에 말했듯이 난 폐업을 고려하고 있다. 그동안 내 스스로 내린 커피만 수만 잔이 될 것이다. 그 얘기는 연 인원 수만 명의 손님을 맞이하고 그 반응을 보아왔다는 것이다. 솔직히 말하면, 창업 당시보다 손님들의 수준이 더 떨어져 보일 때가 많다. 그 때는 커피를 마시러 오시는 분들도 많았지만, 배우러 오시는 분들도 꽤 많았다. 어쩌면 오너인 내가 적극적으로 다양한 커피의 세계를 알리려 노력한 결과일지도 모르지만, 당시엔 스펀지처럼 커피에 대한 지적호기심으로 빨아들였다. 하지만 요즘까지도 아메리카노와 핸드드립을 구분 못하시는 분들, 두 분이 오셔서 돈을 아끼기 위해 잔을 하나 더 달라시는 분들, 스타벅스 커피는 진한데 왜 여기 커피는 연하냐는 분들, 오로지 아메리카노에만 목을 메는 분들, 등 전반적인 매너를 포함해서 커피 맛에 대한 이해와 사람에 대한 배려가 없는 분들이 아직도 종종 목격된다. 물론, 긍정적인 면들도 크지만 말이다.

    사실 커피에 있어서 정답과 오답을 구분해내 만족스러운 커피를 즐기는 방법은 아주 간단하고 소박하다. 커피의 특성만 잘 이해하면 그만이다. 원두를 신선하게 보관하고 구매하는 요령, 단골 카페를 지정하고 소량씩 구매하는 지혜, 가급적 추출직전에 원두를 분쇄하기 등. 그다지 거창한 것들이 아니다. 바란다면 비용을 다소 지불하더라도 자기만의 독특한 색깔로 커피를 판매하는 동네카페나 업체 등을 찾아다니면서 진짜 맛있고 신선한 커피, 적어도 오답이 아닌 커피들 위주로 즐기길 권한다. 그렇게 될 때 우리주변에서 좀 더 많은 정답에 가까운 커피, 오답으로부터 멀어진 커피를 쉽게 발견하게 될 것이다.

카페
Talk 톡
café

카페를 오픈한다는 것

생각보다 많은 사람들이 카페를 차리고 싶어 했다. 내가 카페를 오픈하고 난 후 많은 사람들이 찾아와 해 준 이야기다. 이유를 물어보면 다양한 의견들이 있지만 가장 보편적인 이유는 남의 밑에서 일하는 것을 그만하고 나만의 예쁜 공간 속에서 고상하게 커피를 팔며 자유로움도 만끽하고 싶다는 것이었다.

사람들은 누구나 자유를 갈망한다. 그런데 왜 카페가 자유의 상징이 되었을까? 깊은 이야기를 하기보단 우선 직관적으로 드는 생각이지만 가장 큰 이유는 커피 일을 하는 사람들이 많은 매체를 통해 그런 식으로 묘사되어 왔기 때문인 것 같다. 남녀 간, 세대 간의 차이는 약간 있다. 가령, 내가 운영한 카페의 주 고객층은 30대부터 50대에 이르는 여성분들이었는데, 집에서 살림만 하다가 어느 정도 아이를 키워 놓고 보니 정말 무언가를 해보고 싶은 것이다. 다른 건 몰라도 카페 일 정도는 살림의 노하우와 약간의 배움만 있다면 무난히 해낼 수 있을 거라는 생각이 들었다는 것이다. 말하자면 주부생활로부터 의 자유를 꿈꾸는 경우이다.

반면, 남자들의 경우는 크게 생계형과 전문형으로 구분된다. 생계 형은 말 그대로 돈을 벌기위한 목적이 큰데 은퇴한 직장인들이 가장 무난하게 해낼 수 있을 것 같은 직종이라 여기는 것이다. 음식점을 하기에는 너무 힘들 것 같고, 아무래도 카페는 바리스타 자격증 하나 쯤 따거나 프랜차이즈를 하면 본사의 도움을 받아 비교적 쉽게(?) 돈 을 벌 수 있을 거라는 계산이다. 그리고 전문형은 말 그대로 커피나 혹은 아이템에 대한 전문적인 배움을 통해 카페보다는 전문성을 겸 비한 커피하우스coffee house를 운영하고자 하는 경우다. 이 경우는 자 본력에 따라 진정한 카페로서 확장되는 형태가 되기도 하고, 다소 영 세하지만 커피전문점으로서 자기철학이 녹아 든 커피를 서비스하는 데 주력하기도 한다. 물론, 모든 경우에 들어맞는 이야기는 아니다. 공통분모도 있고, 아주 예외적인 경우도 있으니 말이다. 하지만 분명 한 건, 이 역시 오랫동안 꿈꿔온 회사나 조직으로부터의 자유, 이탈 에의 로망이다.

카페는 그렇게 알게 모르게 자유의 상징으로 사람들의 머릿속에 인식되어 있었다. 나 역시 처음 영감을 얻었을 때 그 모티브가 '자유로운 분위기'에 있었으니 말이다. 그런데 나에겐 한 가지 욕심이 더 있었다. 한국의 스타벅스를 만들어 보고 싶은 것이었다. 지금 생각해 보면, 차라리 스타벅스보단 스텀프타운이나 인텔리전시아 같은 커피하우스를 롤 모델로 삼았으면 더 좋았을 뻔 했다는 생각도 든다. 결론적으론 흡사한 부분들도 많았지만 나는 스타벅스의 로버트 슐츠 같은 커피분야의 전문경영인이 되고 싶었다. 무엇보다 스타벅스가 좋았던 건 모든 매장을 직영으로 운영한다는 점이었다. 그리고 스타벅스의 탄생부터 지금까지의 모든 스토리가 좋았고, 슐츠의 열정적인 모습이 보기 좋았다. 특히, 그가 수백 번 투자유치에 실패하면서도 끝까지 포기하지 않고 도전하는 모습에서 표현하기 힘든 흥분조차 느꼈다. 나를 몽상가라 해도 좋다. 하지만 난 나름대로의 플랜을 세우고 하나씩 둘씩 실행해 나아가기 시작했다.

테스트 베드Test Bed라는 말이 있다. 어떤 제품이나 사업모델의 성공여부를 점치는 장 즉, 일종의 실험무대 같은 것이다. 맞다. 나는 창업한 이 커피하우스를 테스트 베드로 삼기로 한 것이다. 직원을 성장시키고, 다양한 마케팅 전략을 실험 적용해보고, 고객 관계 관리를 통해 수익을 점진적으로 증가시켜 하나의 롤 모델을 만들어보고 싶었던 것이다. 그리고 그 모델을 바탕으로 소위 말하는 목 좋은 곳에 플래그 쉽 스토어를 내는 것 그것이 어쩌면 지금도 여전히 1차 목표인 것이다. 비록, 매장은 작았지만 기본적으로 내가 해보고자 했던 모든 도구는 마련되어져 있었다. 그래서 우리 직원들과 더불어 거칠 것 없는 항해가 시작되었던 것이다. 자유가 때론 여유 있는 그 무엇으로 오해되기 쉽다. 하지만 나에게 있어 자유는 내가 해보고 싶은 그 어떤 것을 위해 몰입하고 추진하는 것이라 여겨졌다. 그 때가 가장 나답고 살아있음을 느끼는 순간이기 때문이다.

오픈 후 1년여 동안은 거의 매일 새벽이나 되어서야 집으로 들어가곤 했다. 영업이 끝나는 10시 이후 로스팅을 해야 하기 때문이다. 모두가 잠이 들 무렵, 영업이 잘되어 커피콩을 많이 볶아야 하는 날은 오히려 더 즐겁다. 그만큼 우리 카페를 좋아해주는 손님들이 늘어나고 있다는 뜻일 테니까. 내 카페를 운영한다는 것은 바로 그런 것이다. 종일토록 수고하고 힘이 들어도 마음만은 전혀 힘들지 않은 것. 내가 준비한 서비스들에 손님들이 만족하고 기뻐할 때 그리고 많은 사람들이 내 커피와 카페를 사랑해 줄 때가 가장 보람되고 행복한 것이다. 카페도 일종의 살아 숨 쉬는 생명체와 같다. 그 공간 역시 주인과 직원 그리고 사람들로부터 사랑 받지 못하고, 외면당하면 바로 생명력을 잃고 매력이 떨어져 간다. 그래서 카페를 차리는 과정도 힘들지만, 사실 운영하고 발전시키는 게 더 어려운 것이다.

그래서 엄밀히 말하면 내 스스로에게 테스트 베드가 필요했다고 볼 수 있다. 정말 장기적으로 멋진 체인사업을 만들기 위해선 당연한 얘기지만 창업자 본인의 수고와 땀이 섞인 경험이 있어야 한다고 생각했기 때문이다. 직접 직원들과 일을 하면서, 손님을 응대하면서 겪게 되는 경험정보들이야말로 돈으로는 살 수 없는 값진 체험이요, 사업의 큰 바탕이 된다고 믿었다. 직장생활만 14년여 해 온 사람이 하루아침에 사업이나 장사를 한다고 했을 때 두려움이 없었다면 거짓말일 터. 그만큼 내 안에 쌓여진 직장인의 근육을 하루빨리 장사에 적합한 근육으로 바꾸어야만 했다. 거기엔 정신적 육체적인 모든 요소가 포함되는데 모든 환경이 낯설고 익숙지 않았기에 내 나름의 원칙과 실천이 필요했다.

나는 그래서 무엇보다 직원들을 통해 많이 배우려 했다. 바리스타라 불리는 직원들은 이미 수년간의 필드경험을 가지고 있었다. 그들은 하루 12시간에 달하는 고된 근무환경에서도 꿋꿋이 자신의 꿈을 위해 노력해 온 선수들이었다. 난 그들을 사랑하려 했고 그들의 노하우를 배우고자 노력했다. 그들은 손님을 응대하는 방식이나 음료를 만드는 과정에서 능숙함을 보여주었다.

정리해보면 나에게 있어 카페의 오픈은 "직원들과 함께 한, 진정한 자유를 향한 도전"이었다. 비록 시작은 자그마한 동네카페에 불과했지만 궁극적으로는 한국을 대표하는 최고의 카페모델을 만들기 위한 꿈을 가지고 있었기 때문이다. 나는 내 커피와 카페 그리고 직원들에 대한 기대와 긍지로 가득했다. 커피와 관련된 것이라면 어디든 달려가거나 내가 못가면 직원들이라도 보냈다. 그러한 열정을 대표적으로 보여주는 것은 직원들에 대한 교육비 지원이었다. 바리스타들의 월급은 사실 노동시간과 강도에 비해 많이 낮다. 대신 그들의 사기진작을 위해 때론 월급에 준하는 교육비를 지원했다. 카페 쇼에서 벌어지는 10만 원 상당의 세미나 비용, 전문적인 커핑 교육을 위한 교육비, 기타 크고 작은 커피교육 등을 아끼지 않았고, 심지어는 그들의 업무시간을 내가 대신해 주면서까지 보낸 경우도 적지 않았다. 이 밖에도 분기에 한번 꼴로 카페 문을 닫고 전 직원과 함께 하루 종일 카페투어를 다니며 트렌디한 커피시장을 공부하고, 반기에 한번 꼴로는 제주도나 강릉 쪽의 커피타운 등을 방문하며 일종의 힐링 커피 워크숍을 개최하기도 하였다. 따로 책정한 금액은 없지만 명절 때마다 5만 원에서 10만 원 상당의 명절선물도 잊지 않고 챙겼다.

각 지역을 대표하는 커피업체들. 우상단부터 시계방향으로 경주 슈만과 클라라, 제주 커피코알라, 울산 빈스톡, 포항 아라비카

정성 가득담긴 편지글과 함께였다. 남들이 보면 이게 정말 10평짜리 카페에서 직원에게 지원하는 내용인지 의심할지도 모르는 내용이지만, 사실이다. 직원의 성장이 곧 나의 성장이요, 카페의 성장이라고 믿었기 때문이다.

프랜차이즈 숍 VS 개인카페

　지금 이 글을 쓰고 있는 곳은 고려대 개운사길 근처에 위치 한 커피빈이다. 이곳은 물론 직영 체인점이다. 보통 가맹점 형태로 운영되는 프랜차이즈와는 달리 본사에서 직접 운영을 하는 곳이기에 맛과 서비스가 비교적 일정하다. 무엇보다도 나는 이곳의 공간을 사러 온다. 개인카페에서는 상상할 수 없는 큰 공간과 시간운영을 하고 있기 때문이다. 탁 트인 공간과 북 카페 형식의 따스한 우드레인 테이블은 마음을 편하게 한다. 이 넓고 예쁜 공간을 오롯이 즐기려면 오전 시간이 좋다. 따스한 햇볕이 큰 통유리를 통해 들어오고 제법 맛있는 커피를 즐기노라면 정말 행복한 기운이 감돈다. 일이 술술 풀리는 것만 같다. 아메리카노의 가격은 5천 원. 스타벅스보다도 약 20%나 더 비싸다. 커피빈의 아메리카노는 수준급이다. 딱 마셔보면 알 수 있다. 기본 베이스인 에스프레소의 균형이 잘 맞추어져 있고, 시간이 지나도 구수한 맛과 부드러움이 잘 변하지 않아 또 마시고 싶은 충동이 일어나는 좋은 커피이다. 그렇게 따지고 보면 이 공간과 커피 맛을 고려할 때 5천 원은 결코 비싼 게 아니다.

그런데 한 가지 아쉬운 점은 리필서비스가 안 된다는 점. 일체의 쿠폰서비스도 없다. 대학가라는 특성을 고려하면 도도한 느낌이다. 안정적인 서비스를 바탕으로 일종의 프리미엄 커피와 고급 카페 이미지 전략을 고수하겠다는 뜻이다. 자본력과 나름의 커피철학을 가진 회사이기에 가능한 운영시스템이다.

반면, 안암역 주변을 한 두 블럭 돌아보면 1,000원대 커피를 파는 프랜차이즈 카페를 어렵지 않게 볼 수 있다. 라바짜 커피를 다시 도입한 맥도널드, 요즘 가장 유명세를 타고 있는 백스커피 등이다. 편안한 공간을 기대해서는 안 된다. 원두커피이지만 아주 인스턴트하게 마셔주고 가야 할 분위기이다. 대신 가성비가 좋아 부담 없이 즐기기엔 그만이다. 어디 그 뿐인가. 정말 호주머니 사정이 안 좋은 사람들이라면 편의점 카페도 나쁘지 않다. 마셔보면 또 그럴싸 하기까지 하다. 천 원인데 무얼 바라겠는가. 중이 제 머릴 못 깎는다고 정작 커피 하는 나는 집에 커피가 없다. 매장을 매일 가니 굳이 집에 쌓아놓을 이유가 없는 것이다. 어쩌다 쉬는 날 늦잠을 자고 일어나 커피가 간절해질 때, 그러나 주변에 맛있는 커피 집은 없을 때, 아쉬운 대로 근처 편의점에 가서 캡슐커피를 마셨다. 천오백 원 커피다. 무얼 바라겠는가. 난 그저 카페인 흡입이 필요할 뿐이다.

그 틈에 끼여 가장 곤욕을 치루고 있는 업체들은 아무래도 개인카페 일 것이다. 개인카페는 일단 브랜드력과 구매력에 의한 원가경쟁력에서 밀리기 때문에 소비자의 편익과 가격경쟁력을 모두 갖추기란 여간 어려운 것이 아니다. 그래서 개인카페는 단골고객을 많이 확보해야 한다. 프랜차이즈 시스템에 비해 가장 큰 장점은 오너의 수완을 자유롭게 발휘할 수 있다는 것이다. 그래서 한마디라도 더하고, 밝은 미소도 더 크게 지을 때 손님들은 그곳에 애정을 가지게 되고, 때론 친구처럼 형, 동생처럼 가까워 질 수 있는 것이다. 스토리가 있다면 더욱 좋다. 그것이 커피관련이든, 카페관련이든 말이다. 커피와 관련된 스토리는 무궁무진하다. 한 잔의 커피를 만드는 과정 속에 오너의 철학과 수고가 담겨져 있다면 그것만으로도 충분하다. 세상에 존재하지 않는 자신만의 커피로 세상과 소통하는 것이다. 거기엔 큰 기쁨이 있다.

주요 커피 프랜차이즈
(스타벅스, 커피빈은 직영)

　개인카페 그것도 로스터리 카페를 하는 오너의 경우, 대부분 자신의 커피를 크레이지하게 좋아해주는 소위 마니아 고객이 있다. 나도 그랬다. 지난 7년간을 돌이켜 보니 그런 분의 얼굴들이 생각보다 많이 떠오른다. 그 중에서도 최근에 나의 커피를 가장 뜨겁게 즐겨주신 분이 생각난다. 인사동에서 전통 감물옷(일명 갈옷) 디자이너로 활약하고 계시는 김유미 사장님이다. 그분은 40대 후반에 전업주부에서 사업가로 변신하여 10년 이상을 엄청난 고생 끝에 자신만의 감성 돋는 제주도 전통 갈옷을 세상 속에 펼쳐내고 계신 것이다. 영화감독 김기덕 씨가 베니스 영화제에서 황금사자상을 수상했을 때 입은 옷으로 유명하다. 보통 한 벌에 몇 백만 원은 기본인데 외국에서 더 유명하다. 이 분은 오로지 케냐AA만을 드셨는데, 내 커피에 대한 예찬론자이면서 전도사이기까지 하셨다. 그 분의 매장에 한번 놀러간 적이 있었는데, 예사롭지 않은 손님들이 시간차를 두고 속속 들어오셨다. 그분의 지인들이었다. 재밌는 건 한 번도 만난 적 없는 그 분들이 나를 알아보시는 것이었다.

　"혹시 커피○○○의 박사장님 아니신가요?"

　얼마나 나에 대한 또 내 커피에 대한 예찬을 하셨는지 그곳의 손님들까지 날 알아보는 것이었다. 압권은 제주도에서 오신 분들이었다. 김 사장님은 제주도를 가든 어디를 가든 내 커피를 항상 들고 다니시면서 그들에게 직접 커피를 내려주곤 하셨다는데, 이 분들 역시 나를 보자마자 커피 맛이 너무 좋아 어떤 분이신지 궁금했다며 만나서 반갑다고 연신 칭찬을 해 주셨다. 정말 감사했다.

커피는 작은 사치품이며, 기호식품이다. 담배가격을 아무리 인상한다 해도 담배판매량이 좀처럼 줄지 않듯, 커피 역시 인류가 멸망한다 해도 와인과 더불어 결코 사라지지 않을, 신이 인간에게 준 최고의 식품이다. 이러한 커피를 사고파는 데 있어 프랜차이즈인가 개인 카페인가 하는 형태는 사실 그렇게 중요하지 않다. 다만, 편견 없이 커피를 합리적으로 소비하는 데 있어서 다소 오해가 있는 건 사실이다. 대표적인 이슈가 아무래도 가격인데, 가끔 인터넷에 올라오는 기사들을 보면 어이없는 기사들이 참 많은 것 같다. 가령, 커피의 원가와 관련된 내용 운운하는 것들이다. 커피원가가 100원이네 300원이네 하면서 어떻게 4~5천 원의 커피가격을 책정하느냐 하는 아주 단순무식한 기사들이다. 기자라면 제발 한번쯤은 카페를 운영하는 사람들의 이야기를 들어보고 기사를 올려주길 바란다. 아울러 이런 질문을 드리고 싶다.

"당신이 기사를 쓰는 펜과 통찰력의 원가는 도대체 얼마입니까?"
일단, 카페를 7년간 운영해 본 사람으로서 내린 결론은 커피가격 책정에는 문제가 없다는 것이다. 커피로 떼돈을 번 경우는 아주 드물다. 특히, 영세한 개인사업자들의 경우엔 심각할 정도로 수익률이 떨어진다. 돈을 벌어들이는 로직은 단순명료하다. 마진총액 곱하기 회전율이다. 하루 종일 커피를 판다해도 회전율이 최고조에 이르는 점심시간대를 제외하면 사실상 회전율이 생각보다 높지가 않다. 목이 좋은 경우 손님이 많이 오면 오는 대로 인건비의 부담이 증가한다. 맞은편 경쟁사 카페 때문에 커피가격도 비싸지 않다. 거기다가 결정적으로 우리나라 임대료의 수준이 매출액대비 너무 높게 책정되어 있어 경영을 아주 잘하는 카페가 아니면 영업이익률이 떨어질 수밖에 없는 구조다. 이를 타개하는 방법은 객단가를 올려 수익률을 올리는 방법밖에는 없는데, 커피와 어울리는 브런치나 크로와상을 하려면 더 넓은 공간과 투자가 선행되어야만 하는 부담이 따른다. 자본 및 공간적 제약이 많은 개인사업자들에겐 특히나 취약한 조건이다. 대기업의 영업이익률을 살펴봐도 5% 전후다. 어쩌면 1~2%대의 프랜차이즈도 많을 것이다. 그러다보니 그들은 무조건 매장 수를 늘려 매출을 올리려고 한다. 결국, 가맹점주들만 죽어나는 것이다.

개인카페는 그래서 뭐 하나라도 특징이 없으면 망하기가 쉽다. 내가 그나마 7년여를 버틸 수 있었던 원동력은 소량 로스팅으로 신선하고 맛있는(?) 커피를 공급한다는 콘셉트를 꾸준히 지역사회에 포지셔닝 해 온 덕분이었다. 선수 선점의 효과다. 즉, 많은 카페를 다니더라도 정말 신선하고 맛있는 커피를 마시고 싶다면 한번쯤은 우리 카페로 오도록 했다는 것이다. 그런데 그 수가 과연 얼마나 되겠는가? 아직도 우리나라 사람들의 커피에 대한 가치판단 수준은 그렇게 높지가 않다. 커피를 마시려는 니즈가 맛보다는 다른 편익에 더 치중되어 있기 때문이다. 어쩔 때 보면 오히려 커피 맛에 대한 기호가 퇴보한 것처럼 보일 때도 많다. 거기다가 너무나 많은 프랜차이즈들이 도심 곳곳을 잠식하고 있기 때문에 자신만의 철학이 깊이 밴 개성 있는 커피를 마시기가 점점 곤란해져가는 분위기다. 상생을 하기엔 이런저런 벽들이 너무 많아 보인다.

<u>카페는 이런 사람들이 하면 좋은 거 같다.</u>

그동안 카페를 운영해오면서 내가 얼마나 많은 부분에 있어 카페 운영에 부족한 점들이 많은 사람인지를 알게 되었다. 앞서도 말했듯이 카페를 통한 체인 비즈니스에 대한 기획마케터로서 커피를 시작했다. 물론, 커피를 배우는 과정과 그 속에서 기회를 발견하고 전략을 짜고 발품을 팔고 하는 등의 수고는 내게 있어 익숙한 것들이다. 그래서 남들보다 도출된 콘셉트들을 좀 더 빨리 실행시키는 데 자신이 있었다. 하지만 막상 카페가 오픈이 되면서부터 나의 약점들이 속속 들어나기 시작했다. 우선 카페는 그 자체로는 감성적 공간이지만 커피를 볶는 로스터기부터 추출하는 머신, 그 외에 종류별 그라인더 등이 다 기계다. 즉, 기계장치들을 다루어야만 하는 비감성적 공간 영역이 더 많다는 것이다. 난 기계치에다가 기계를 분해하여 청소를 하거나 수리하는 등의 일을 무척 싫어한다. 그래서 답은 심플하다. 내가 잘못하는 영역은 비용을 지불하고 전문가에게 맡겨버리는 것이다.

요즘은 상황이 어떤지 잘은 모르겠지만, 창업당시 나는 카페 쇼를 통해 알게 된 많은 커피장비업체 사람들을 만났다. 심지어는 중고업체들도 두루 다니며 살펴보았다. 제품의 내구성부터 AS 해결능력까지 나름 꼼꼼하게 챙겨도 보았다. 그렇지만 막상 제품에 문제가 생기거나 AS 할 일이 생겨 문의를 하면 출장비를 포함, 듣지도 보지도 못한 부품교체를 요구하며 엄청난 비용을 요구하기 일쑤였다. 더 기분이 나빴던 건 그들의 태도였다. 한마디로 팔고나면 끝이라는 마인드였다. 조금만 가격흥정을 할라치면 그리 무리한 요구를 한 것도 아닌데 귀찮게 군다는 듯이 전화를 끊어버리거나 출장 서비스를 와서도 자꾸 추가비용만을 언급하는 것이었다. 로스터기 같은 경우는 그렇게 잔고장이 나질 않아 편했지만 정기적으로 분해청소를 해야 할 상황이 되어 도면을 보아가며 재조립 하는 과정에서 꼭 문제가 생기곤 하였다. 그나마 남자직원이 있을 때는 함께 도와가며 어찌어찌 한 적도 있지만 시간도 무척 오래 걸리고 그리 간단한 문제가 아니었다.

그 외에 전기와 관련해서 매장 내 조명수리, 네온사인 전구 갈기, 매장 내 소소한 인테리어 설치, 보조 선풍기 달기 등등 전기나 드라이버를 활용하는 일들이 내겐 곤욕이었다. 그럴 때마다 생각했다. 역시 이런 일들은 이공계의 달란트가 있는 사람들이 딱이라고. 실제로 커피를 하며 여러 커피업체를 돌아다니면서 많은 사장님들을 만나보니, 의외로 인테리어를 직접 하시는 분들이 많았다. 그중 전공하신 분들도 많았지만 그렇지 않아도 스스로 멋지게 매장 내 인테리어나 설치문제들을 척척 해결하는 분들도 많았다. 그런 분들을 볼 때면 괜한 열등감까지 느껴졌다. 나와 함께 커피를 배웠던 친구들은 아예 매장 내 한 공간을 수리실로 꾸며 각종 머신들을 분해한 다음 중고를 거의 새 제품으로 만들어버리는 신공을 발휘하기도 하였다. 정말 입이 쩍쩍 벌어졌다. 더치커피를 추출하는 기계는 적게는 50만 원대에서 크게는 100만 원대 이상의 고가제품도 많은 데 실험실 도구에 익숙한 이공계 DNA들은 이런 것까지 뚝딱 잘도 만들었다. 물론, 이런 경우가 그렇게 일반적이지 않다는 것은 나도 안다. 하지만 감성코드로 일관된 문과적 유형의 사람들보다 실제 매장운영에서는 이과적 유형의 사람들의 지식이나 경험이 훨씬 유용하게 쓰인다는 이야기를 하는 것이다. 비용도 절감되지만 무엇보다도 그들 스스로가 손수 수리하고 꾸며가는 즐거움이 있으니 매장도 훨씬 개성 넘치고 다채로워지는 느낌이 든다. 순수과학, 가령 화학이나 물리 등의 지식이 있는 사람들에게도 좋다. 커피를 공부하다보면 아직도 끊임없이 논의되는 성분의 문제들 앞에 작아짐을 느낄 때가 있다. 많은 기사들을 접하고 정보를 취합하면서 들은 풍월은 많아 노련하게(?) 얘기하기는 하지만 실제로는 카네틴이 어떻고 클로로겐산이 어떻고 하는 용어들을 만나면 혀부터 꼬여와 여간 어색한 것이 아니었다. 그래서 커피 강의 할 때도 이런 문제에 봉착하면 가령 커피와 건강과 같은 주제가 주어지면 최대한 전문가들의 말을 인용하거나 출처를 밝혀 더 이상의 질문이 나오지 않도록 했던 기억이 난다.

좀 더 다른 현실적인 얘기를 하나하자면 커피 일은 가급적 악착같이 해내야만 하는 생계형보다는 커피 자체를 좋아하고 커피 일을 즐길 줄 아는 사람이 하는 게 좋은 거 같다. 다른 음식장사와 달리 진입장벽이 낮고 목이 중요한 요소를 차지하는 커피장사는 사업초기부터 많은 목돈과 준비가 필요해서 원금을 회수하는 시간이 오래 걸리고, 객단가가 높지 않아 생각보다 영업이익률을 높게 유지하기가 쉽지 않다. 요즘엔 중고매물로 나오는 카페들이 많아 초기자본을 적게 들이고도 창업할 수 있는 기회가 많아졌지만 그 만큼 가게를 다시 일으킬 수 있는 자기만의 전략이나 열정이 없다면 처음부터 생각을 다시 해 봐야 할 필요가 있다. 결국 커피를 가족의 생계나 생활을 위한 방편위주로 접근했다간 큰 낭패를 볼 수도 있는 요즘 시황이니 신중에 신중을 기했으면 하는 바람이다. 프랜차이즈도 결국은 가맹점주가 책임을 지고 하는 개인사업이기 때문에 본사의 정책만을 믿고 운영하기보다는 나름의 성실함과 관리력을 발휘하여 보다 경쟁력 있는 프랜차이즈가 될 수 있도록 노력해야 한다.

다음으로, 규모에 따라 다르겠지만 일반적으로 소규모 자영업자들이 운영하는 카페는 10~20평 전후로, 이 정도 규모라면 보통 주중

직원 1~2명에 주말 알바 1~2명을 교대로 하여 운영하게 된다. 매출
에 따라 직원 수는 조절되어야겠지만, 카페에서 제일 중요한 직원관
리에 관해 나름의 관리력이 없다면 고전을 면치 못할 가능성이 높다.
프랜차이즈라고 예외라 생각해서는 안 된다. 보통 사장님들이 크게
착각하는 부분이 난 사장이고 직원을 고용하는 고용주이니 내가 커
피를 추출하는 일이나 매장관리는 직원에게 맡겨버려도 좋다고 생각
한다는 것이다. 정작 본인은 다른 일을 보러 돌아다니는 경우가 많이
있는데 이러면 안 된다. 나도 처음엔 열심히 직원들과 함께 일을 하
며 한 2년여를 보내다가 이쯤이면 됐다 싶어 매니저에게 권한을 부

에스프레소머신 수리(위)
로스터기 청소(아래)

사진출처: http://blog.naver.com/
gochildworld/200000208212

여하고 맡겼다. 그런데 문제는 내가 돌아왔을 때 매니저는 이미 자신만의 운영방식을 만들어 고수하고자 했고, 정작 사장의 말을 잘 들으려 하지 않았다. 결국 불협화음이 생겨나면서 그는 곧 매장을 떠나게 되는 수순을 밟고야 말았다. 여기서 하고 싶은 말은, 우선 사장 본인이 전문가가 되어야만 한다는 것이다. 설사 직원 모두가 매장을 떠나는 최악의 경우가 와도 본인 스스로가 완벽하게 매장을 운영할 수 있는 탄탄한 실무능력을 겸비해야 한다는 것이다. 그 다음으로는 진득하게 카페 내에서 오랫동안 일할 수 있는 체질이면 더욱 좋다. 외향적이기만 한 사람은 카페를 해서는 안 된다.

부부가 같이 하는 카페들이 있다. 처음에는 개인적으로 가장 부럽지 않은 경우였다. 일과 가정은 다소 분리되어야 한다는 나의 고정관념이었다. 그런데 그런 생각을 고치게 된 건 엉터리 직원의 유입에서 비롯되었다. 나름대로 사람을 볼 줄 안다고 생각했고 채용과정에서 필터링을 한다고 했건만 역시 사람은 겪어봐야 안다. 나중에 얘기하겠지만 직원들의 자질이 점점 떨어져가면서 사장인 나로선 매우 고독한 상황을 맞이하게 된다. 그 때 처음으로 함께 믿고 의지할 수 있는 사람이 없음으로 인해 생겨나는 결핍이 사람을 무척 힘들게 했던 것이다. 카페 옆에 닭강정 집이 있었는데 부부가 운영을 했다. 거기도 처음엔 사람을 뽑아 비교적 여유 있게 운영하더니 나중엔 나와 비슷한 문제로 직원들을 다 없애고 두 사람이 운영을 하였다. 처음으로 부러웠다. 바쁜 시간대를 제외하곤 두 사람이 협력하여 일을 나누어서 하다 보니 몸은 힘들었겠지만 그래도 믿을 수 있는 사람끼리 최선을 다해 효율적으로 일을 할 수 있었다. 내 입장에선 보기가 좋았다. 장기적으로 카페운영을 고려한다면 혼자보다는 믿을 수 있는 사람과 같이 할 수 있기를 권해 본다. 꼭 부부가 아니더라도 말이다.

4

개인카페의 꽃, 커피교실

개인카페의 경쟁력을 끌어올리는 가장 좋은 방법이 뭘까? 그건 바로 커피교실이다. 개인카페는 아무래도 인지도도 낮고 모든 면에서 사람들에게 익숙지 않으며, 검증이 안 되었기에 처음 출입을 주저할 수 있다. 물론, 커피 맛이나 서비스가 아주 탁월하다면 금방 입소문이 날 것이고 그러다보면 자연스럽게 손님들이 늘어날 것이긴 하다. 하지만 나는 좀 더 적극적으로 손님들과의 교감을 가지기로 했다. 그래서 처음 시행한 것이 무료 커피교실이다. 비록 무료이지만 커리큘럼이나 내용 하나하나를 뜯어보면 유료로 시행해도 무방할 만큼 충실하게 짜여 있었다. 잠시 내용을 들여다보면 내 수업의 가장 핵심은 오감으로 체험하는 관능적 수업이다. 처음부터 끝까지 눈으로 보고 코로 맡아보고 손으로 만지고 입으로 마셔야 한다. 커피를 갈고 추출할 때

내리는 소리까지 귀 기울이게 되니 청각까지 포함하는 오감수업이다.

　창업당시만 하더라도 바리스타들 중에도 생두를 본 적이 없는 사람이 많았다. 하물며 일반 사람들이 생두를 직접 보고, 만져보는 일은 그 자체로 신선한 체험일 수밖에 없었다. 컬렉션 박스에 7~8종의 생두를 넣어두고 박스하단엔 견출지로 생두 이름을 적어둔다. 위에서 내려다보면서 눈으로 먼저 확인 한 다음 손으로 직접 만져보게 한다. 그 차이를 처음부터 알아내기란 쉽지 않다. 거의 비슷비슷한 생김새를 가지고 있다. 그러나 자세히 보면 크기와 색깔이 다 다르다. 중요한건 커피는 생두를 직접 볶아서 내려 마셔야만 비로소 그 질과 맛을 제대로 알 수 있다는 것이다. 눈으로 보는 수업엔 바로 커피를 볶기 전후의 극명한 상태변화를 알게 하려는 의도가 깔려있다.

　볶은 커피를 만져본 적이 있는가? 커피를 전문적으로 하는 사람들은 다 아는 사실이지만 '매쉬'라 하여 커피의 분쇄도를 손으로 만져 커피입자의 크기를 확인하고 적정 분쇄도를 결정하는 것을 말한다. 커피는 참으로 오묘하다. 같은 원두인데도 입자의 크기에 따라 맛이 천양지차로 달라지며, 커피를 내리는 추출 방식에 따라서도 너무나 다르게 변모하기 때문이다.

　앞에서도 말했지만 간단하게 설명하면 커피는 곱게 분쇄할수록, 내리는 물의 온도가 높을수록, 추출속도를 느리게 할수록 쓴맛이 강화된다. 반대로 굵게 분쇄할수록 온도가 낮을수록, 추출속도를 빠르게 할수록 신맛이 강화된다. 이 개념만 정확히 알고 있어도 실생활에 아주 유용하다. 내가 커피수강생들에게 수업전날이면 꼭 문자로 덧붙여 두는 메시지가 하나 있다. 그것은 아침밥을 든든히 먹고 오라는 당부이다. 의외로 많은 사람들이 아침에 일어나자마자 공복에 커피를 마신다. 하지만 나와 내 주변의 많은 경험과 지식을 종합해 볼 때, 그건 그다지 바람직하지 않다. 공복보다는 아침을 든든하게 채워두고, 물을 충분히 섭취한 상태에서 커피를 즐기는 것이 좋다. 무엇보다 커피를 맛있게 음미할 수가 있다. 특히, 내 수업의 대부분은 커피 시음이기에 다양한 종류의 커피를 마시기 위해서는 든든하게 배를 채워 둘 필요가 있었다.

A4 용지엔 품종별로 맛 평가를 위한 평가지가 그려져 있다. 평가시트다. 평가시트 1장씩이 수강생에게 전해지고 그 다음부턴 5~6종의 커피를 계속 마시며 음미를 하게 된다. 아침부터 대륙별로 다양한 커피를 한 번에 마시는 일은 그리 흔하지 않았을 터. 수강생들의 반응은 뜨거웠다. 무엇보다 수업 당일 새벽에 내가 직접 볶은 신선한 원두를 연속해서 마실 수 있다. 맛있기도 하지만 각각의 품종이 뿜어내는 매력에 흠뻑 젖는다. 그동안 나는 옆에서 핸드드립으로 연신 커피를 내린다. 그렇게 시음이 다 끝나면 우리는 돌아가면서 각자 자기가 마신 커피에 대한 느낌을 표현하게 된다.

커피는 대하는 사람들의 마음가짐에 따라 다른 모습으로 나타나는 것 같다. 분명 같은 커피를 똑같은 잔에 똑같은 양으로 주었는데 그 맛에 대한 느낌이 모두 다르니 말이다. 그러나 이내 공통분모를 찾아가기 시작한다. 육안으로는 알 수 없었던 커피 맛의 차이를 알기 시작하는 것이다. 그렇다. 커피는 마셔봐야만 알 수 있는 것이다. '오늘의 커피' 시음은 차주에 다시 한 번 하게 되는데 그때는 블라인드 테스트로 진행된다. 즉, 오늘 마신 품종들의 이름을 보여주지 않고, 무작위로 순서를 바꾸어 내려 마시게 되는 것이다. 수강생들의 호기심 게이지는 또 한 번 올라가고 자연히 다음 수업이 기다려지게 된다. 이렇게 두 번에 걸친 시음시간만 가져도 각 품종의 특성과 차이를 알 수 있게 된다. 더 중요한 건 자기의 기호가 어디에 맞추어져 있는지도 알게 된다. 전통적으로 쓴 커피에 익숙한 우리나라 사람들의 입맛은 산미(酸味)가 좋은 신선한 커피를 마셔본 경험이 별로 없기 때문에 약간의 고정관념이 있다.

"난 시큼한 커피는 싫어."

하지만 에티오피아 시다모, 짐마, 예가체프, 코스타리카 따라쥬, 파나마 게이샤 등과 같이 산미가 훌륭한 커피를 적절한 추출법으로 한번 마셔보면 그 생각이 싹 바뀌고 만다. 그들 커피가 뿜어내는 실로 오묘한 산미에 넋을 잃게 된다.

아무래도 사람은 시각에 민감하다. 커피는 추출을 하는 방법이 다양하여 그 방법에 따라 보는 재미가 있다. 체즈베로 달구어 마시는 터키식 커피, 화려한 모습을 선사해 주는 사이폰 커피, 근사한 모습

만큼이나 맛있는 에스프레소를 만들어주는 모카포트 등 커피는 추출 기계나 기구들과 함께 발전해 왔다고 해도 과언이 아니다. 그 중에서도 난 핸드드립이 좋다. 난 압구정의 커피박사 허형만 선생님으로부터 핸드드립 추출법을 배웠다. 내 강의내용을 보면 그 분의 통찰과 지식을 인용한 것이 많다. 그분의 추출법은 한마디로 섬세하다. 일본의 도제식 추출법에 가깝다고 볼 수 있는데 잡 맛을 거의 없애고 커피의 맛있는 성분만을 추출해 물과 희석하여 마시는 게 특징이다. 내 수업에서 마시는 관능검사가 끝나면 바로 핸드드립 시연과 실습으로 이어진다. 좁은 공간이지만 대여섯 명이 둘러 앉아 나의 핸드드립 쇼를 지켜보게 만든다. 핸드드립 시연에서 핵심은 바로 신선한 원두다. 신선한 원두 위에 뜨임이라 불리는 첫 물을 내리는 순간 수국처럼 아름답게 피어오르는 원두의 부풀림 그 커피 수국이 모두의 눈을 즐겁게 만들어주기 때문이다. 핸드드립은 커피원두의 맛을 가장 원시적으로 즐기는 방법이지만, 커피의 신선도를 눈으로 확인할 수 있는 몇 안 되는 방법이기도 하다.

카페 안은 어느덧 탄성과 호기심어린 눈빛들로 부풀어 오른다. 뒤이어 들어 온 손님들도 처음엔 무심한 척 하다가 집에 돌아갈 때 쯤 본인도 커피수업에 참여하고 싶다며 등록서에 이름과 연락처를 적어주고 가신다. 핸드드립 시연 후 각자 개별적으로 실습을 시켜보면 이내 재밌는 광경들이 펼쳐진다. 보기엔 쉬워 보이는데 막상 주전자를 잡고 물을 내리기 시작하면 물줄기의 속도며 물의 양이 조절 안

되어 커피가 옆으로 튀고 난리도 아니기 때문이다. 마지막 수업은 핸드드립 외에 위에서 언급되었던 다양한 추출법 시연과 시음으로 마무리된다. 처음부터 끝까지 우리 수업은 시연, 실습, 시음 세 가지가 톱니바퀴처럼 이어진다. 수업이 다 끝나면 카페는 아쉬움으로 가득해진다. 나도 열정적으로 강의를 하다보면 1시간 반짜리 수업이 2시간이 되고 수업이 끝난 후에도 남은 분들과 이러저런 정담을 나누게 된다. 커피이야기를 하다보면 오전 시간이 훌쩍 지나가고 만다. 이런 수업을 한 주도 거르지 않았고 많게는 일주일에 두세 번씩 진행된 적도 있었는데 그러다보니 수강생도 많아지고 나 자신도 너무 힘들어, 수업일수를 조정하고 소정의 비용을 받기 시작했다. 만 원을 받았는데 이유는 무료로만 진행하다보니 결원이 많이 발생하는 경우

자체 커피교실

도 있고 나도 최소한의 재료비는 받아야겠다는 생각이 들어서였다. 사실 시음으로만 마시는 커피를 돈으로 환산하면 인당 십만 원은 족히 된다. 어쨌든 이 무료 커피교실은 입소문을 타고 창업 6개월여 만에 우리 카페를 지역에서 가장 맛있고 전문적인 커피하우스로 등극시키는데 가장 큰 공헌을 했다.

커피교실 두 번째 이야기

초창기 커피교실은 열정이 지나쳐 너무 많은 지식과 정보를 주려고 애를 썼던 것 같다. 지금 생각하면 당시의 수강생들한테 미안하다. 강의시간도 너무 길었고, 심지어 숙제도 많이 내주는 등 이건 무료 커피교실의 수준이 아니었다. 부끄럽기도 하고 미안하기도 하다. 그래도 그 열정 덕분이었을까? 생각보다 많은 사람들이 우리 커피와 카페를 사랑해주었다. 지금도 잊을 수 없는 이벤트가 하나 있는데, 커피박물관에서 수강생들이 해 준 내 생일파티였다. 초창기 커피교실은 정말이지 열정 그 자체였다. 한 클래스는 마지막 수업을 커피박물관 투어로 대체했다. 경기도에 소재한 사립박물관 왈츠와 닥터만이다. 처음엔 그저 수업연장의 목적으로만 방문했었는데, 박물관 옆 레스토랑 겸 커피하우스에 수강생들이 몰래 케이크 선물을 준비해 준 것이다. 너무 감사해서 눈물이 핑 돌았다. 처음으로 커피교실이라는 시간을 통해 뭔가 보상을 받는 기분이랄까. 그리고 신기했다. 직장생활에서는 느껴보지 못한 묘한 감흥이 있었다. 내가 직접 기획하고 추진한 모든 일들로 창조 된 프로그램, 인연, 만남…. 그 자체가 감격이고 감동이었다.

그렇게 자체 커피교실을 통해 손님 수가 기하급수적으로 늘어났다. 커피교실은 우리 커피에 대한 이해와 관심을 불러 일으켰고, 그것은 이내 매출로 직결됐다. 특히, 원두판매의 증대로 이어져 전체 매출비중에서 최대 30%를 차지하기도 하였다. 이건 괄목할만한 성과였다. 찾아오기도 힘든 이곳을 원근각처에서 입소문을 타고 오기 시작, 카페는 해를 거듭하면서 문전성시를 이루게 되었다. 물론 대다수의 손님 층은 여성, 아주머니, 학부모 층이었다. 이 때 아주머니 네트워크의 파워를 새삼 느꼈다.

그리고 커피교실의 성과로 인사동에 위치한 삼성 레미안 갤러리의 커피강사로 위촉되었다. 이 일은 지금 생각해도 신기하다. 레미안 갤러리에서 행하는 프로그램의 강사들은 거의 현업에서 10년, 20년 이상 된 분들이었고 주로 각 협회를 대표하는 회장이나 부회장님들로 구성되어 있었다. 그런 곳에 초짜 커피사장인 내가 초빙되어 그들과 어깨를 나란히 하며 커피클래스를 주도 했다는 것은 내 자신에게는 기적에 가까운 일이었다. 이 모든 것이 무료 커피교실에 비롯되었다. 꾸준히 묵묵히 커피교실을 진행한 결과 수강생 중 한분이 나를 그곳에 있는 지인에게 강력히 추천했다는 것이다. 나의 강의 스킬과 열정을 높이 산 모양이다.

　레미안 갤러리의 강의는 나에게 특별한 경험을 선사해 주었다. 커피를 시작한지 채 1년도 안 되어 약 50여명의 갤러리 손님들을 대상으로 나만의 커피강의를 자유롭게 할 수 있었으니 말이다. 2명의 직원을 데리고 당일의 성공적인 강의를 위해 각종 도구와 재료를 챙겨갔다. 이른 아침부터 내 강의를 듣기위해 오신 손님들이 삼삼오오 줄을 서 계셨다. 뿌듯했다. 그리고 다짐했다. 오늘 이곳에 오신 모든 분들이 정말 만족할 수 있는 강의를 듣고 가시게 해야겠다고. 약 1시간 반에 걸친 강의를 성공리에 마쳤다. 별도로 마련한 파워포인트 자료와 혼신을 다한 강의로 많은 박수갈채를 받았다. 이후 전문 블로거들에 의해 나의 강의가 인터넷을 통해 흘러나갔고 그걸 본 예전의 직장동료나 파트너들이 전화를 걸어오기도 했다. 이것으로 끝이 아니었다. 모 교회가 운영하는 문화대학 내 연간 전임 커피강사로 추대를 받았다. 처음에는 한 학기만 진행하기로 했는데 반응이 좋아 한 학기를 더 연장해달라는 부탁을 받기까지 하였다. 사실, 이 강의는 봉사의 성격이 강했다. 그리고 내가 미국 커피업체 중 스텀프타운이나 인텔리전시아와 같은 커피 전문업체에서 행하는 지역사회와 연계한 커피사업 콘셉트와 같은 맥락이어서 힘들지만 흔쾌히 진행하기로 한 것이다. 대신 모든 커리큘럼을 다시 만들어야 했다. 준비할 것이 이전과는 비교도 안 되게 많아졌다. 연간 프로그램을 내가 오롯이다 책임져야 했기 때문이다. 수업의 지루함을 없애기 위한 다양한 실습도구와 시청각 자료 심지어는 때때로 외부 커피전문가를 위촉하여 프로그램의 질을 제고하고 다양화하는 데 힘썼다. 이 곳 역시 한국커피협회 회장이셨던 이정기 대표와 한국커피를 대표하는 조셉의 커피나무 강지형 대표가 각각 1, 2대 강사로 활동해 오신 무게감 넘치는 커피교육의 현장이었다. 이곳에서 내가 3대 전임강사로 진행을 맡게 된 것이니 얼마나 영광스러웠겠는가? 이 모든 일은 거듭 강조하지만 무료 커피교실에서 비롯된 것이다.

하지만 후에, 나는 커피교실을 잠시 중단하게 되었다. 너무 힘들었기 때문이다. 책임을 맡은 이상 민폐를 끼치지 않기 위한 것도 있었지만 나는 엄연히 카페를 운영하는 카페사장이기 때문이다. 그 정체성을 잃어버리면 직원도 손님도 소홀하게 된다. 어디까지나 외부강의는 더 나은 카페의 발전을 위한 투자였다. 현실에 발을 딛고 있는 이상 나의 본연의 일에 충실하기 위해선 조절이 필요했다.

커피강의는 내게 끊임없는 자성과 발전을 촉구해 준 고마운 일이었다. 그리고 내가 살아있음을 느끼게 해 준 감사한 활동 중 하나였다. 무엇보다 커피를 통해 맺은 많은 인연들과 한사람, 한사람이 귀했다. 비록 처음의 의도는 카페를 성공시키기 위한 전략이었지만, 사실 이 일을 해 나가는 과정 속에서 인생의 많은 것들을 느끼고 깨닫게 되었다. 어느덧 나는 커피 좀 안다고 선생님 소리를 듣고 있었고, 스승의 날이 되었을 때는 나보다 더 나이 드신 수강생들로부터도 제

자라는 이름으로 축하와 감사의 선물 그리고 격려를 받았지만, 마음 한 켠 부끄러움과 부족함을 느낄 때가 많았다.

인상 깊었던 수강생 중에 부부선교사가 계셨다. 지금도 선교지에서 비밀편지로 소식을 전해주시곤 하는데, 그들이 나의 첫 번째 수강생들이셨다. 정말 열심히 공부하셨고, 정말 우리 커피를 좋아하셨다. 떠나실 때는 많은 불안과 염려를 안고 가셨지만 지금은 중국 내 깊은 곳(?)에서 커피하우스를 운영하시며 선교 일에 매진하고 계신다. 커피는 역사적으로 보면 선교의 매개체가 되기에 충분한 상품이었다. 아랍의 와인으로 불리며 대표적인 이슬람 음료인 커피는 개신교의 비즈니스 선교전략의 한 축이 되었다. 공교롭게도 커피벨트라 불리는 지역 대부분이 비기독교 지역, 소위 말하는 선교대상 지역이었다. 우리가 흔히 착한커피라고 부르는 공정무역커피 등도 넓은 의미에서 보면 기독교가 말하는 선교의 맥락과 다를 바가 없다. 나는 비록 직접적으로 현지선교를 하는 사람은 못 되었지만 간접적으로나마 선교에 일조할 수 있었음을 기쁘게 생각한다.

삼성 레미안 갤러리 커피클래스

그 후 커피교실은 커핑세미나의 확장과 창업전문반으로 확대 운영되었다. 우선 커핑세미나는 커피교실 출신들을 주축으로 하여 일종의 심화반 형태로 진행되었다. 커핑은 말 그대로 커피맛을 관능적으로 시음하여 품질을 평가하고 맛의 특성을 결정짓는 가장 원초적인 검사다. 오늘날 커핑은 주로 커피산지에서 생산자와 구매자사이에 행해지는 일종의 거래과정의 한 툴인데 당시 일반적인 커피하우스가 자체적으로 품질평가를 위해 세미나 형태로 진행하는 경우는 결코 흔치 않았다. 그래서 더욱 신선하고 깊이 있는 시간으로 수강생들과 함께 할 수 있었던 것 같다. 아울러 창업 전문반을 개설하여 운영했는데, 생각보다 많은 시니어 층들이 별다른 준비 없이 너무 쉽게 카페창업을 준비하는 것을 보고 이래서는 안 되겠다 싶어 나름의 경험과 지식 노하우를 바탕으로 집중반을 개설하여 운영하였다. 창업 전문반은 철저하게 1:1 도제식으로 진행되었다. 이 과정을 마친 분들 중에는 이미 국내외 외식사업으로 진출하신 분도 있고, 예비창업자로서 여전히 창업을 준비하는 분도 있다.

위기의 징후들

심상치 않은 조짐은 창업 후 그리 오래지않아 나타났고 온몸으로 느낄 수 있을 정도가 되었다. 그 조짐은 미세한 듯 했으나 강렬했다. 창업 후 만 2년째가 되어가는 어느 날. 우리는 2주년 기념 감사이벤트를 기획하고 있었다. 때는 마침 개학 철인 3월. 우리 카페는 근처 초등학교가 인접한 소위 아파트 상권에 위치해 있었다. 그래서 초등학교 학부모를 포함한 아파트 아줌마들이 주요 고객이다. 이벤트 상품과 다양한 할인혜택이 마련된 매장. 한껏 부푼 마음으로 직원들과 함께 옷매무새를 단정히 하고 여느 때처럼 출입문 쪽을 응시하고 있었다. 창업 후 2년 동안 기대이상의 성공적인 정착을 했다고 믿었기에 어김없이 학기 초 단체손님들이 들이닥칠 것이라고 여겼던 우리들은 묘한 정적에 뒤통수를 맞은 듯 했다. 우리들이 기대했던 단체 손님들은 결국 오지 않았기 때문이다.

"이상하다. 분명히 학교 홈페이지 행사 란도 체크했는데 왜들 안 오시지? 혹시 내일인가?" 그러나 그 후로 손님들의 수, 오는 시간대의 패턴이 작년, 재작년과 분명하게 달라졌으며 이내 우리들의 예상은 완전히 빗나가고 말았다는 것을 알게 되었다.

뭔가 내 머릿속을 스치고 지나가는 것이 있었다. 그건 바로 우리 숍으로부터 다소 떨어진 곳에 스타벅스가 들어와 있다는 사실이었다. 불과 몇 달 전에 생긴 그 이름도 별처럼 찬란한 스타벅스는 바로 우리와 함께 우리와는 다른 3월을 마주하고 있었던 것이다. 비교적 중심상권으로부터 떨어진 틈새시장이라 할 수 있는 우리 매장조차도 적지 않은 나비효과의 영향아래 놓이게 된 것이었다.

본능적으로 차에 시동을 걸고 스타벅스로 향했다. 커피숍을 시작하고 나서 생겨난 일종의 습관이라면 습관이랄까. 나의 안테나 망에 걸려든 커피숍들은 그런 식으로 늘 주목을 받기 일쑤였다. 아울러 장사를 시작하고 나서 생겨난 능력 중엔 웬만한 손님들의 얼굴들은 잘 잊지 않게 되었다는 점이다. 별 다방 주변을 무심한 척 쓱 지나가며 스캔하고 있을 무렵, 아니나 다를까, 넓디넓은 매장 안 단체석에 지난해 그리고 지지난해 우리 숍에서 늘 모임을 가지셨던 학부모 20여 분이 자리하고 있었다. 순간 알 수 없는 배신감과 불안감, 그리고 탄식이 흘러나왔다.

"으으, 내가 얼마나 잘해줬는데, 우리 집 커피 맛이 제일 좋다면서 별 다방을 가다니…. 그나저나 이걸 어쩌지?"

매장으로 돌아와 직원들과 함께 회의를 시작했다. 드디어 올 것이 온 것이다.

"매장을 더 넓혀야하나? 아님 뭘 어떻게 해야 하지?"

우리는 회의 끝에 우리가 가장 잘 할 수 있는 것에 더욱 집중하여야 한다는 결론을 내렸다. 이는 어쩌면 내가 가장 잘할 수 있는 것이어야 한다는 의미이기도 했다. 위기의 징후들은 때론 불편한 상황으로 나타나기도 하였는데 커피교실을 통해 나로부터 커피를 배운 수강생 중 한분이 우리 숍으로부터 채 300미터도 떨어지지 않은 곳에 커피숍을 차린 것이다. 거기다가 숍 운영의 전반적인 매뉴얼이 우리 카페를 모방하고 있어서 적잖이 당혹스러웠다. 그 이후 그 일대에 로스터리 카페 3개가 연달아 생기면서 안타깝게도 그 커피숍은 6개월여 만에 문을 닫고 말았다. 이런 식으로 해서 카페 창업 후 내 주변에 생겨난 카페들이 프랜차이즈를 포함, 줄잡아 10개는 족히 되었던 것 같다. 불과 3년 안에 일어난 일이다. 그러나 그 때까지만 해도 난 크게 동요하지 않았다. 실제 매출이 줄지도 않았을 뿐더러 그들이 내 경쟁상대는 안 될 거라는 은근한 자신감이 있었기 때문이었다. 그러나 슬픈 예감은 틀리지 않는 법. 이내 나름의 내공과 자본력을 갖춘 로스터리 카페들도 하나 둘씩 포진하기 시작하였다. 우리 카페가 위치한 장소가 산으로 비유하자면 중턱에 해당되는 데 위쪽과 아래쪽으로 우리 카페를 포위한 형태가 된 것이다. 그러다보니 특단의 대책을 세우지 않는다면 이 위기의 징후들이 실제적인 위기로 치달릴 가능성이 짙었다. 아니나 다를까 언제부터인가 위쪽 동네에서 늘 찾아주시던 손님들의 발걸음이 하나 둘씩 뜸해지기 시작하였다. 오시긴 오시는 데 오는 횟수가 현저하게 줄어든 것이다. 내가 직접적으로 손님들에게 묻는 일은 없었지만 오랜만에 오시는 손님들 중엔 죄지은 것도 아닌데 미안해하시면서 먼저 이실직고를 하셨다. 윗동네가 이런데 아랫동네는 더하면 더했지 덜 할 이유가 없어 보였다. 창업한지 3년 만에 처음으로 매출이 떨어지기 시작하였다. 그나마 성수기가 시작되는 3월부터는 인접한 초등학교들 덕분에 기본매출이 유지되었지만 시간이 갈수록 손님 수가 눈에 띠게 줄어드는 것을 확인할수 있었다. 방학이 시작되는 비수기엔 더욱 그랬다. 이러다보니 아무리 신경을 안 쓰는 척 해도 카페를 직접 운영하는 오너 입장에선 경쟁업체들의 동향을 전혀 모른 척하고 지나칠 수는 없었다. 한 집, 한 집 둘러보기 시작하면서 우리 카페보다 어떤 점이 강점인지 알아보게 되었다. 그런데 이것도 처음에만 그런 것이지 하루가 멀다하고 우후죽순 생겨나는 통에 나중에는 경쟁업체를 분석하는 것도 의미가 없어졌다.

한마디로 말해 당혹스러웠다. 나중에는 그런 생각마저 들었다. 나는 그렇다 치고 들어설 대로 들어 찬 포화된 시장 속에 최근 들어 오픈한 카페들은 과연 괜찮을까? 내가 어느새 남 걱정을 하고 있었다.

한 상권에서 3년 정도가 지나가니 대략 주변상권의 흐름과 예상매출 등이 보였기 때문이다. 제 아무리 독특한 아이템과 서비스를 보유하고 있다 해도 해당 상권에서 창출해 낼 수 있는 한계가 존재했기 때문이다. 물론 예외는 있다. 그건 바로 이커머스 즉, 인터넷판매이다. 인터넷을 통한 매출이 강한 업체라면 상권이나 서비스는 문제가 되지 않을 수 있다. 하지만 그렇지 못할 경우 오프라인 상에서의 상권은 결국 예상치가 나오기 마련이다. 결국 자기만의 강력한 무기가 없다면 시장에서의 생존은 점점 더 어려운 상황 속으로 흘러가고 있었다. 그 때 다시 한 번 나를 그리고 우리 카페를 돌아보았다. 우리 카페는 10평이 약간 넘는 작은 매장이다. 작은 매장의 가장 큰 핸디캡은 설비의 확장이 용이하지 않기 때문에 넓은 공간이 주는 다양한 혜택을 제공할 수가 없다. 가령, 쾌적한 회의공간이라든지, 메뉴의 다양한 측면들이 이에 해당한다. 그중에서도 브런치 같은 메뉴를 서비스하려면 별도의 공간과 설비가 요구되는데 현실적으로 우리는 그런 것을 용이하게 할 수 없었다. 커피시장이 변화를 거듭해가면서 소비자들의 기호는 커피와 곁들이는 식사대용식의 서비스 시장을 만들어 냈다. 우리는 위기를 맞이하였다. 즉, 적당한 커피 맛을 제공하면서 가볍게 끼니를 때울 수 있는 그런 니즈들이 늘어가게 된 것이다.

원래 계획은 그랬다. 이곳에서 딱 3년을 점검 후 강남 쪽에 플래그 쉽 매장flagship store을 내는 것. 어느 정도는 예상되는 그림들이 펼

쳐지면서 마음이 조급해지기 시작했다. 3년 정도 가까이 숍을 운영하다보니 시장의 흐름이, 그리고 한국 커피소비자들의 기호가 확실히 보이기 시작했던 것이다. 역시, 이론과 실제는 다른 부분이 많았다. 대표적인 부분이 바로 커피 맛에 대한 사람들의 인식이었다. 한국 사람들은 커피 맛을 제대로 음미하면서 잘 마시지를 않는다. 물론 이렇게 말하면 섭섭해 하시는 분들이 꽤 있을 줄로 안다. 하지만 수년간의 필드경험상 나의 결론은 그렇다. 커피 맛을 제대로 알고 마시려는 마니아층은 내 감으로는 몇 퍼센트 되지 않는다. 그 퍼센티지가 많이 올라온 것에 대해선 부인하지 않는다. 하지만 이웃한 일본 커피시장과 비교해 보면 역시 커피가 문화로 뿌리 잡은 곳과 그렇지 않은 곳의 차이, 그리고 시장 지배구조의 차이가 시장의 특성을 극명하게 대비시켜 준다. 한 가지 아이러니 한 것은 커피 맛을 음미하지 않는 한국 커피시장에서 우리 카페가 그래도 생존할 수 있었던 이유가, 그래도 커피맛과 커피에 대한 전문성에 있었다는 것이다.

시내외를 가리지 않고 생겨나는 수많은 카페들　　　　　　사진출처 : M 매거진 2014.8.22

카페운영 이런게 어렵다 1

나와 같은 로스터리 카페를 운영하는 사장님들은 거의 대부분이 동의를 하는 내용들일 텐데, 카페운영을 하면서 어려운 점들이 많지만 가장 대표적인 것 둘을 꼽으라면 아마도 수익성과 직원관리의 문제일 것이다. 로스터리 카페들은 대체적으로 중심상권이 아닌 곳에 위치 한 경우가 많다. 그렇기에 자기만의 특화된 서비스나 특별한 커피의 가치를 제공하지 못할 경우 단골고객을 확보하기가 어렵고 그것은 곧바로 수익악화로 이어진다. 설사, 초기에 단골고객을 확보했다고 하더라도 그 고객들이 이탈되지 않도록 유지하는 것이 더욱 어렵다. 당연한 얘기 같지만, 한국처럼 동네 구석구석마다 카페들이 즐비한 환경에서 카페를 유지하기란 여간 어려운 것이 아니다. 우리 카페는 앞서도 말했듯이 초등학교에 인접한 학부모 상권이자 아파트

단지 내에 걸쳐있는 아파트 상권이다. 그러다보니 입소문이 빠르고 고정고객들이 많다. 유동인구는 상대적으로 중심상권에 비해 적지만 목적성을 가지고 오는 손님들이 대부분이기에 유효인구는 높다고 할 수 있다. 그래서 큰 매출을 기대하기는 어려워도 수준이하의 서비스만 제공하지 않는다면 매장을 유지하는데 있어선 비교적 안정적 상권이라 할 수 있다.

창업이후 3년 동안 우리 매장의 월평균 매출은 대략 700여만 원 정도였다. 낮다고 생각되시는가? 이중에서 월세 90만 원, 관리비 평균 35만 원, 인건비 150만 원, 기타 비용 120만 원 등을 제하고 나면 대략 300여만 원이 남는 구조다. 이는 결코 적은 수익이 아니다. 아주 훌륭한 성적이라고 할 수 있다. 10평짜리 매장을 기준으로 할 경우, 7천만 원(보증금 포함)의 목돈을 들여 이 정도 수익을 내는 매장은 흔치 않다. 보통 카페 컨설팅에서 말하는 평균 초기 투자비용을 1억으로 잡았을 때 월 평균 200만 원 정도의 수익만 내도 성공한 카페로 분류되기 때문이다. 왜 카페가 창업이후 5년 내 생존확률이 26%에 그칠까? 그것은 그만큼 커피의 객단가가 낮고 회전율이 생각보다 높지 않으며 진입장벽이 낮아 너무나 많은 창업자들이 대거 몰린 까닭이다. 설사, 창의적인 아이디어와 차별화된 서비스를 제공한다손 치더라도 경쟁 카페들의 수가 감당할 수 없을 정도에 이른 경우엔 이러한 효과도 그리 오래가지 못한다. 결국 이러한 부담을 이겨내지 못한 카페들은 수익악화로 고전을 면치 못한다. 월 100만 원의 인건비도 제대로 못 챙겨가는 허울뿐인 카페 사장님들이 허다하다는 뜻이다. 이러한 구조 속에서 카페를 운영한다는 것은 생각 이상의 노력과 도전을 요구한다. 그리고 그 노력과 도전엔 직원이라고 하는 변수가 언제나 존재한다.

보통 카페창업에 도전하는 사람들의 평균 연령대를 보면 30~40대 이상이 주를 이룬다. 20대도 많지만 아무래도 자본력에서 가장 안정적인 연령층이기 때문일 것이다. 하지만 그들은 보통 커피에 대한 전문성 없이 창업을 준비하게 마련이고, 보통은 바리스타 자격증을 따거나 그렇지 못할 경우 바리스타들을 고용하는 형태로 창업을 시작하는 게 대부분이다. 나 역시 예외는 아니어서, 경험도 있고 열정과 마인드를 갖춘 바리스타를 고용하기 위해 많은 노력을 기울였다. 그중에서도 가장 역점을 두었던 부분은 커피에 대한 열정이었다. 한국의 리틀 스타벅스를 꿈꾸던 내게 좋은 직원의 채용은 사업을 성공으로 이끌어 갈 가장 핵심적인 과제였다. 많은 후보자들 가운데 결국 남녀 각 1명씩 총 2명의 정직원과 프리랜서 직원 1명, 총 3명의 직원을 채용하였다. 그들과 피를 나누진 않았지만 진짜 가족처럼 여기고 그들을 성장시키기 위해 최선을 다하리라 마음먹었다. 내가 비록 월급을 주는 위치에 있지만 최대한 그들에게 수평적으로 다가가기 위해 많이 신경 썼다. 특히, 커피를 배우고 완성도 높은 커피를 구현하기 위해서라면 비용과 시간을 아끼지 않았다. 그리고 커피로 번 돈의 상당부분을 직원의 만족도와 커피연구에 투자했다. 지

난 7년 동안 카페를 운영해오면서 내 돈으로 속옷하나 양말 한 짝을
제대로 사 입은 적이 없었다. 배운 게 도둑질이라고 매년 카페가 성
장해 가기 위한 성장전략을 만들어 그들과 공유하며 의지를 불태웠
다. 그리고 창업 후 4년 이내에 우리가 꿈꾸는 매장으로의 성장을 위
해 매일매일 노력하고 협력했다. 그들을 신뢰했고, 그들 역시 나를
잘 따르며 하루가 다르게 카페가 발전하고 있음을 느끼면서 행복해
했다. 급기야 직원들은 각자 살던 부모님 집에서 나와 카페 근처에
거처를 마련하고, 카페의 성장을 위해 더욱 더 헌신하려 했다. 나 역
시 그 헌신에 보답하고자 금전적으로도 평균이상의 지원을 아끼지
않았다. 특히, 그들의 성장을 돕는 것이라면 내가 할 수 있는 범위 내
에서 최대한 해 주고자 노력했다. 이는 평소 직원과 함께 성장하는
아름다운 커피회사를 꿈꾸는 나의 소신이었기 때문이다.

커피와 관련된 각종 세미나 및 커핑을 포함한 다양한 양질의 커
피 교육에 대하여 시간과 비용을 전폭적으로 지원해 주었다. 우리 직
원들은 고용된 이후에 근무하면서 바리스타 자격증과 커핑 수료증,
고가의 세미나 수료증 등을 취득하였다. 그 외에도 가치 있는 교육이
라고 판단되면 사장인 내가 그들의 업무시간을 백업해 주면서라도
보냈다. 심지어는 글로벌 컴퍼니를 꿈꾸면서 영어학원비까지 별도로
책정 지원하였다. 나는 진심으로 그들의 성장을 돕고 싶었다. 물론
이 비용은 전적으로 나의 인건비에서 충당되었다. 그래도 아깝지가
않았다. 도리어 행복했다. 왜냐하면 우리에겐 함께 공유할 꿈이 있었

고 모두가 그 꿈을 향해 전진해 가고 있었기 때문이다. 비단, 이런 금전적인 지원으로 내가 할 도리를 했다고 생각하는 건 절대 아니다. 나는 마음으로 그들과 함께 하려 노력했다. 때론 내 동생들처럼 때론 조카들처럼 대하고자 했다. 그들의 고민에 귀 기울였고 사소한 것이라도 불편함을 해결해 주고자 항상 촉을 세우며 지냈었던 것 같다.

　　문제는 3년차에 접어들면서였다. 마음이 조급해져갔다. 지금 생각해보니 내가 문제였다. 이미 이곳 매장에서 할 수 있는 것들은 다 해 보았고 테스트 해 볼 것들은 거의 다 했다고 생각할 즈음 우리에겐 투자자가 필요했다. 나는 본격적으로 투자 유치를 위한 움직임을 단행했다. 투자만 원활히 된다면 우리가 꿈꾸는 매장을 강남에서 새롭게 전개해 갈 수 있으리라는 자신감에 넘쳐 있었다. 테스트 베드였던 이 매장 역시 높은 권리금을 받고 팔 수 있었다. 우리는 무권리금 점포를 3년차 만에 권리 7천여만 원의 매장으로 성장시켜 놓았기 때문이다. 원래는 가까운 지인들로부터 투자를 약속받은 상태였으나 갑작스런 지인들의 사업악화로 모든 일정이 늦춰지기 시작했다. 난 기다릴 수 없었다. 아니 기다리기가 싫었다. 마침, 친구가 운영하는 강남의 사무실 내에 자그마한 공간을 얻어 함께 사업을 추진하기 시작했다. 나중에 구체적으로 다루겠지만 이곳은 기독교 선교사무실이었다. 이곳으로 새벽부터 출근하여 하루 종일 다양한 사업계획서 및 투자유치 업무를 진행하였다.

　　매장은 매니저에게 거의 일임했으나 매일 아침저녁으로 매출 및 출퇴근 관련 보고를 받았다. 100%는 아니지만 로스팅도 상당부분 교육시키고 일임하였다. 강남사무실에서 업무가 종료되면 한밤중에 매장으로 가서 새벽까지 로스팅을 하고 3~4시간 잠을 청한 후 또다시 사무실로 출근하는 생활이 수 개월간 반복되었다. 그러나 매장의 위기는 현실로 점점 더 구체적으로 다가오고 있었다.

8

카페운영 이런게 어렵다 2

제일 먼저 다가온 문제는 고객들의 커피 맛에 관한 불만들이었다. 주요 단골 고객들은 커피교실을 통해 카톡을 주고받을 만큼 가까웠는데 종종 나에게 안부를 물어오곤 하였다. 그런데 내가 자리를 비운 뒤로 커피 맛이 이상해졌다는 것이었다. 분명히 반복교육을 통해 매니저에게 로스팅 교육을 철저히 했지만 그 미세한 차이들을 고객들은 캐치해 내는 것이었다. 귀신 같았다. 다른 건 몰라도 커피의 생명인 맛에 관한 클레임은 그냥 지나칠 문제가 아니었다. 특히, 원두를 구매해서 드시는 고객들의 불만이 컸다. 그래서 로스팅 만큼은 다시 100% 내가 맡기로 하였다. 신기하게도 그 이후 커피 맛에 관한 클레임은 곧 없어졌다. 다음으로 나타난 현상이 매출의 감소였다. 어느 정도 예상은 했지만, 생각보다 빨리 그리고 점점 크게 다가왔다. 그리고 처음엔 그 원인이 매니저에게 있을 것이라고 판단했다. 그래서 하루 날을 잡아 매니저와 전반적인 상황과 매출하락 원인 등에 관해 이야기를 나누었다. 그런데 예기치 않게 매니저와 말다툼이 생겼다. 내가 질문하는 과정이 매니저에게는 추궁하는 뉘앙스로 받아들여진 것이다. 그런 의도는 아니었는데, 주인의식을 가지고 열심히 일해오던 매니저 입장에서는 나의 사소한 톤에서 깊은 서운함을 느꼈던 것이다. 당황스럽기도 했고 동시에 화도 났다. 주인의식을 가지고 하는 건 좋은데 자기가 주인이 되어버린 것이었다. 서로가 날카로워졌고, 끝내 봉합이 어려웠다. 나에게도 쌓인 게 없진 않았다. 나는 근태를 무척 중시하는 사람인데, 여러 차례에 걸쳐 매니저의 불성실한 근태 문제를 발견하여 수차례 주의를 주어왔던 터였다. 결국 원년 멤버였던 그 매니저는 며칠 후 퇴사를 하였다.

얼마 지나지 않아 매출 하락의 원인은 바로 나였음을 깨닫게 되었다. 매니저 퇴사 후 내가 어쩔 수 없이 복귀를 해야 했는데 복귀 후 손님들과 다시 만나는 과정에서 이런저런 이야기를 들을 수 있었기 때문이다. 놀랍게도 내가 매장을 떠난 이후 거의 대부분의 손님들이 사장님이 없으니 발길이 본인도 모르게 뜸해지더라는 것이었다. 순간, 머리가 핑 도는 기분이었다. 정말이요? 나는 다시 되물었고, 그들은 한결 같이 그렇게 대답을 해 주었다. 그 때 확실히 배우게 되었다. 말로만 듣던 오너의 부재가 정말로 손님들의 발길을 끊게 하는 주범 중 하나임을 말이다. 그때부터 나는 매장을 자의반 타의반 의지를 다져 지켜가기로 하였다. 시스템화 된 프랜차이즈와 가장 차별되는 개인카페의 특성을 극명하게 보여 준 사례이다.

이후 새로운 매니저를 뽑기 위해 채용공고를 내고 면접을 수차례 봤지만 다 허사였다. 참 이상하게도 이 바닥에선 쓸 만한 남자 바리스타 매니저를 구하기가 쉽지 않았다. 물론, 여자 매니저를 두어도 상관은 없지만 아무튼 남자가 귀한 건 사실이었다. 간혹 있어도 영 믿음이 가질 않았다. 그래서 그 이후 우리 숍엔 늘 여자 직원들만 있었다. 주말 직원으로 들어 온 친구들은 대부분 시간제로 일을 했지만 난 정직원과 같은 대우를 해 주었다. 그래서 우리 카페에선 알바, 파트타이머 이런 용어를 쓰지 않았다. 실제 카페에서 행해지는 모든 행사와 지원 프로그램이 똑같이 적용되었다. 그러다보니 주말 직원들의 일에 대한 동기부여도가 높았고 자연스레 유대관계가 강화되었다. 그들이 학교를 졸업할 무렵엔 자연스레 주중 정직원으로 이동되기도 하였다.

그 중 무척 아꼈던 직원이 있었는데 우리 카페가 자리를 잡는데 많은 기여를 해 준 고마운 친구였다. 대부분의 바리스타들이 그렇듯이 친구도 전공은 커피와 전혀 무관한 역사학이었다. 우연히 커피사진 하나에 꽂혀 바리스타에 입문한 그녀는 나이답지 않게 커피경력이 꽤 있었는데 우리 카페에 지원한 사유를 들어보니 진정한 커피회사로 성장할 것 같은 믿음이 느껴졌기 때문이라고 했다. 아울러 그녀가 일해 온 대부분의 카페는 그야말로 도떼기시장을 방불케 할 정도로 바쁘게 돌아가는 곳이었는데, 커피에 대한 배움보다는 한마디로 커피자판기가 된 것 같았다고 했다. 생두라는 것도 우리 카페에 와서 처음 보았다는 그녀는 정말 열심히, 성실히 일해 주었다. 나 역시 그러한 그녀의 성실성과 서비스 정신을 높이 사 매니저로 승격시키고 떠나간 매니저의 빈자리를 그녀에게 맡기기로 하였다. 그러한 가운데 또 주말 직원을 계속 채용하여 훈련시키는 프로세스를 정립시키면서 일종의 인력풀 시스템을 확립하였다. 그리고 이 시스템 안에서 우리 카페는 다시 안정적으로 순항하는 듯하였다.

또 다른 문제의 시작은 매니저의 친구를 채용하면서부터였다. 당시 매장이 2개로 운영되던 시절이었는데, 언제부터인가 주말 직원들의 근무기간이 짧아지기 시작하면서부터 운영상의 애로점이 늘어나기 시작했다. 내 입장에서만 보면 주말 직원의 수준이 점점 떨어지기 시작하는 것이었다. 처음 채용한 인력들과 많은 수준 차를 보이면서 그동안의 시스템이 점점 무너지는 것이었다. 그러나 카페는 쉼 없이 돌아가야 하는 법. 언제까지 매니저와 내가 매장 2개를 책임지고 갈 수만은 없었다. 그것도 하루 10~12시간여의 고강도 업무시간을 이겨내면서 말이다. 문제는 우리 카페의 특성상 커피의 전문성을 겸비한 직원으로의 성장을 위해 투자할만한 여력이 점점 떨어져가고 있다는 점이었다. 그 원인은 분점의 오픈과 그에 따른 적절한 직원운영이 어렵다는 데 있었다. 모든 게 운영주인 나의 탓이다.

그러다보니 결국엔 자질이 떨어지고 커피에 대한 열정도 떨어지는 한마디로 시급 챙겨서 용돈벌이 하려는 사람들 위주로 뽑을 수밖에 없는 지경에 이르게 된 것이다. 매니저의 친구가 그랬다. 둘 사이는 아주 절친이었는데, 그래도 오래된 친구다보니 시간이 걸리더라도 우리가 열심히 가르치기만 하면 비교적 오랫동안 커피 일을 할 수 있으리라는 기대감이 있었다. 처음엔 나쁘지 않았다. 성격도 밝고 일도 열심히 배우려 했다. 그러나 역시 어떤 일이든 억지로 관심을 주입시키고 교육을 시킨다고 해서 기대하는 사람이 되어주는 건 아니었다. 몇 달 지나지 않아 그녀는 커피 일에 대한 즐거움을 크게 느끼지 못하는 눈치였고, 나는 그러한 부분에 대해 어쩌면 다소 언짢은 주문을 했는지도 모른다. 조금씩 관계에 금이 가기 시작했다는 걸, 나는 우리 매니저가 청천벽력과 같은 발언을 할 때까지 전혀 눈치 채지 못했다.

어느 날이었다. 내가 그렇게 아끼던 매니저가 나한테 할 말이 있다며 면담을 요청해 왔다. 사장님 같은 분과 일 한게 후회된다는 말을 하였다. 어떻게 자기 친구를 무시하는 발언을 하실 수 있냐며 나에게 독설을 서슴치 않았다. 심지어는 이런 식으로 카페를 운영을 하면 안 된다며 가르치기까지 하였다. 자기 친구는 오늘부로 나갈 것이며 본인도 이번 주까지만 하고 나가겠다는 일방적인 통고였다. 정말이지 머리를 몇 대 맞은 기분이었다. 자초지종을 떠나 내가 그렇게 아끼고 사랑했던 매니저가 맞나 싶었다. 도대체 어디서부터 무엇이 잘못된 것일까? 그렇지만 이내 현실은 냉정하게 다가왔다. 당장 매장이 두 개가 있는데 이들이 다 나가버리면 나 혼자 어떻게 뭘 하란

소리인가? 거가다가 대체인력을 뽑기도 전에 이렇게 막무가내 식으로 말을 하는 그들이 너무나 밉고 한마디로 복장이 터졌다.

일단, 시급제 직원인 매니저의 친구는 2~3일 후 그만두고 매니저는 협의 끝에 새로운 직원이 들어올 때까지 근무하기로 합의를 하였다. 이내 썰렁한 기운이 감돌기 시작하였고, 하루하루가 정말 재미없었다. 나중에 파악한 사실이지만 그만 둔 친구는 나의 일거수일투족을 관찰하며 단점들을 찾아 매니저와 수도 없이 카톡으로 험담했다는 것을 알게 되었다. 매니저 역시 처음엔 친구의 말에 맞장구를 쳐주는 정도였지만 나중엔 어떤 이유에서였는지 맥락 없이 퇴사를 선언한 것이다. 매니저는 나에게 이렇게 말했다.

"사장님, 저는 이제 커피 일을 하고 싶지 않아요."

한마디로 어이가 없었고 황당했다. 매니저 퇴사 후 얼마 지나지 않아 나의 안테나 망엔 종로에 위치한 꽤 유명한 카페에 그녀가 취직했다는 소리를 듣게 되었다. 씁쓸한 기분이 상당히 오래도록 지속되었다.

바리스타들의 공방모임 및 활동

사장이 을이다.

카페를 운영하는 동안 신문에 난 기사들 중 가장 많이 눈이 간 키워드를 꼽으라면 열정 페이와 시급, 시급 알바 등이다. 부연하면 제때 임금을 지불하지 못하여 하루아침에 악덕업주로 전락한 사장님들에 관한 기사이기도 했다. 난 어쩌면 이상주의자인지도 모른다. 왜냐하면 이런 기사들을 접할 때마다 얼마나 못났으면 자기 매장에서 일하는 직원들의 - 설사 계약직이든, 시급 알바직원이든 - 급료를 가지고 장난을 치나, 얼마 안 되는 시급마저 안 지켜주고 도대체 무슨 일을 시킨다는 말인가, 그렇게 생각하며 비판했던 적이 있기 때문이다. 물론 나중엔 - 그 정도까지는 아니더라도 - 업주들이 왜 그런 취급을 당해야만 하는지에 대한 보다 근본적인 이유들을 경험적으로 알게 되었지만 말이다.

아울러 카페투어 등을 할 때면 난 으레 바리스타들과 담소를 나누곤 하였는데, 그 때 우리나라 바리스타들의 애환과 고민거리를 꽤 많이 들을 수 있었다. 강남의 유명한 커피업체가 있었는데 인테리어나 규모 또 매장 안의 인력운용의 면면을 봐서 개인사업자가 운영하기엔 다소 럭셔리 해 보였던 매장을 방문했을 때였다. 아니나 다를까, 그곳은 모 대기업에서 운영하는 카페였다. 바리스타는 물론이고 로스터까지도 젊은 직원들로 구성이 되어 있었는데 당시만 해도 젊은 로스터가 그렇게 많지는 않아서 호기심에 그에게 다가가 이런저런 질문을 하였다.

이야기 중에 의외의 말을 듣게 되었다. 자신은 지금 이 일을 그만둘까를 심각하게 고민 중이라는 이야기였다. 이유인즉, 처음 20대 초반엔 바리스타의 꿈을 가지고 열심히 지방에서 자격증도 따고 실무도 경험했다. 급기야 서울에 올라와 어엿한 커피 바리스타로서 7~8년을 고생한 끝에 평소에 해보고 싶던 로스터까지 되었다. 그런데 나이는 곧 서른이 되어가고 여자 친구와 결혼을 해야 할 처지가 되었는데 지금 받는 급여로는 집세를 포함, 생활자체가 너무 빠듯하다는 이야기였다. 그러다보니 서울의 물가나 생활을 감당할 길이 없어 지방으로 다시 내려가든 어떻게든 돈 되는 다른 일을 알아보아야 할 처지라는 것이었다.

문제는 앞으로도 크게 개선될 여지가 보이지 않는다는 점이었다. 그런 식으로 갔을 때 자기가 꿈꾸는 카페사장이 되는 길은 현실적으로 너무나 험난해 보였을 것이다. 듣는 내내 씁쓸한 마음이 들었다. 그래도 벌써 이 업계에서 8~9년의 경력을 쌓아 온 나름 전문가라면 전문가인데, 그런 그가 한 말치곤 너무나 우울했기 때문이다. 넌지시 물어 본 그의 월 급여는 150만 원대였다. 물론 4대 보험에 상여가 따로 있다고는 하지만 대충 계산해 봐도 연봉으로 치면 2천만 원이 약간 안 되는 것으로 추정되었다. 결혼을 계획하고 있는 그에겐 사실상 힘 빠지게 하는 액수가 아닐 수 없다. 문제는 이런 그의 급여수준이 업계에선 비교적 높은 편에 속한다는 것이었다. 업무 강도는 또 어떠한가. 하루에 10시간에서 12시간 근무를 밥 먹듯 하는 바리스타들이 수두룩했다. 쥐꼬리만 한 급여에, 10시간이 넘는 업무에 보기에는 한 없이 세련돼 보이고 멋져 보이는 바리스타. 커피를 한다는 자부심으로 똘똘 뭉친 바리스타. 그들도 월급날만 되면 한숨이 나오는 데는 어쩔 도리가 없다.

나는 그러한 현실을 마주하면서 많은 고민에 빠지게 되었다. 이렇게 돈이 있는 커피회사에서도 저 정도의 대우밖에 못해주는데(근무 강도를 고려했을 경우 우리 카페에서 지급하는 수준과 그렇게 차이가 나지 않았다) 과연 나는 어떻게 직원들의 만족도를 높여주면서 그들이 불안해하지 않고 온전히 일에만 전념하게 할 수 있을까. 지금 생각해보면 적어도 직원들한테 갑이었던 적은 없었던 것 같다. 오히려 그들의 머릿속에 소위 사장님이라는 직함이 주는 무게감 혹은 부담감이 뿌리 깊게 박혀있는 듯이 보였다. 그래서 일을 하는 공간 속에서만큼은 사장님이라는 호칭 대신 (수석)매니저로 대하게 하였고, 커피를 뽑고 손님을 맞이하는 데 있어서 철저하게 수평적인 문화를 만들고자 노력하였다. 이 업계는 이직률이 비교적 빈번한 편이다. 나는 우리 직원들이 우리 카페에서 오랫동안 일하고 싶은 환경으로 만들어주고 싶었다. 그러나 나의 실수는 두 번째 카페를 연 것이었다. 두 번째 카페를 열고, 아끼던 직원들이 퇴사한 이후 솔직히 나는 멍해지기 시작했다. 좀처럼 마음에 드는 직원들을 채용하기도 어려웠지만, 동시에 직원을 뽑는다 해도 골치 아픈 일들이 하나 둘씩 늘기 시작했다. 어떤 직원은 거짓말을 교묘하게 하는 데 능숙했다. 특히, 주말엔 직원 둘이 함께 일을 하기 때문에 나는 종종 자리를 비우는 경우가 많았다. 그런데 어느 순간 카페로 와보면 그 직원은 없었고, 어떤 경우는 아예 일찍 퇴근해버리다가 발각되는 경우도 있었다. 오픈 조의 경우엔 1시간 이상씩 지각을 하는 경우가 잦아 손님들의 전화를 받고 내가 가서 오픈을 한 적도 있었다. 거기다 처음엔 없던 기괴한 화장과 복장을 하고 나와 손님들을 놀라게 하기도 하였다. 어쩔 수 없이 퇴사조치를 취할 수밖에 없었다. 그건 개성이 아니라 민폐였다.

이후, 실력은 좀 떨어지더라도 인성이 갖춰진 사람 위주로 뽑으려고 하였다. 그러다보니 나이대가 올라가 결국엔 우리 카페 최초로 40대 아주머니가 채용되었다. 오히려, 처음엔 긍정적인 면이 많이 있었다. 비록 순발력과 참신함에서는 다소 떨어지지만 비슷한 나이 대에서 오는 인간적 믿음이랄까 아무래도 아이를 키우는 어머니라는 점에서 여러 모로 신뢰가 갔다. 그런데 이 분의 가장 큰 문제점은 고객을 대할 때 내가 매장에 있는지 없는지 여부에 따라 친절도의 편차가 크다는 점이었다. 모를 것 같지만 단골고객들은 그 직원들의 평판에 대해 피드백을 해 준다. 단골이 아니더라도 불편한 대우를 받게 되면 알려주게 된다. 단순히 일을 통해 돈을 벌려는 목적이 더 컸던 이 아주머니 직원의 경우는 상당기간 적지 않은 고객들에게 미운털이 박혀 있었다. 그렇다. 장사란 어찌 보면 보통수준 이상의 것을 요구하는 고객관리에 다름 아니다. 특히 단골을, 그리고 지역주민을 상대하는 개인카페라면 더욱 그렇다. 이 아주머니에게서 그런 것을 기대하기란 솔직히 어려웠다. 그걸 감안하고 운영한 책임은 오롯이 사장인 나의 몫이다. 어쩌면 나에겐 편할 수 있었던 직원이었는지 모르지만 고객에게는 한없이 불편한 직원이었을 수 있다. 그래서 고객 분들께 너무나 미안한 마음이 많았다.

이 일을 해오면서 가장 회의적이었던 순간을 뽑으라면 직원들의 무례하고 무분별한 퇴사 통보였다. 보통 퇴사 통보는 회사나 오너가 직원들한테 하기 마련인데, 나의 경우엔 반대였다. 우리 카페는 일반적인 카페와는 달리 커피에 대한 지식과 추가적인 서비스 방식을 더 요구한다. 그래서 내가 직접 바리스타들을 교육하는데 이 교육만 잘 소화해도 커피의 준전문가가 될 수 있다. 프랜차이즈에서 일을 많이 했던 바리스타 중에는 우리와 비슷한 유형의 카페에서 일하는 것을 목표로 하는 이들이 꽤 많았다. 배우고 나면 뭐라도 남기 때문이다.

그래서 채용당시 서로들 이곳에서 일하고 싶어 꼭 뽑아달라며 구걸하다시피 하는 지원자도 적지 않았다. 대신 나는 그들에게 상당한 분량의 커피관련 지식과 실무노하우를 전수해주는 대가로 최소 6개월 이상의 근무를 해 줄 것을 요구했다. 가르치는 일도 힘들뿐더러 새로운 직원이 들어와도 적응기간이 필요하기 때문이었다. 그런데 공교롭게도 교육이 종료되고 얼마 지나지 않아 말도 안 되는 핑계를 대며 하나 둘 퇴사 통보를 하고 나가버리는 것이었다. 가장 황당한 경우는 본인의 실수를 나무란 것을 원망하며 책임을 나에게 돌리고 나가는 경우였다. 정말 어이없고 화가 났다. 마치, 그런 틈이 생기길 기다렸다는 듯이 말이다. 차라리 정중하게 나가고 싶다고 말하면 더 좋으련만. 왜 잘해주려는 사람에게 그렇듯 무례하게 그리고 무책임하게 말하며 나가려 하는지 알 수 없었다. 상전이 따로 없었다. 언제부터인가 나에겐 직원들이 상전이었다. 무엇보다 속상한 건 이제 사람을 신뢰할 수 없다는 것이었다. 난 그래서 중대한 결정을 내리게 되었다.

1인 경영자가 되다

카페 출입문을 열고 들어가 중앙복도를 따라 걸어가면 중앙엔 홀을 1/3쯤 메운 두꺼운 유리 캡슐 룸이 있다. 캡슐 룸 안에는 어른 10명은 족히 둘러앉을 수 있는 유선형 원탁이 놓여있고, 탁자 옆엔 샘플 로스팅 룸이 별로도 마련되어 로스터가 열심히 커피콩을 볶고 있다. 손님들은 캡슐 밖 테이블에서 커피를 마시며 캡슐 룸 안을 신기한 듯이 바라본다. 그 안에서는 커피를 시음하는 전문 컵테이스터 들이 방금 볶아 낸 여러 품종의 커피를 함께 음미하며(커핑 또는 슬러 핑) 손님들에게 제공할 최상의 커피를 만들어내기 위해 진지한 작업 을 한다. 캡슐 룸을 끼고 둥글게 돌아 들어가면 커피를 주문하는 곳 이 나오는데 줄을 서는 데서부터 에스프레소 기반의 커피를 공급하 는 Fast 커피 존과 핸드드립 기반의 커피를 공급하는 Slow 커피 존으로 나뉘게 된다. 손님들이 앉을 테이블은 마치 남산타워 전망대처럼 원형에 가깝게 캡슐 룸을 중심으로 360도로 잘 배치되어 있으며, 그 뒤로는 벽면을 통해 마치 커피 박물관처럼 커피와 관련된 다양한 화보와 정보들이 예쁘게 디자인되어 보는 이로 하여금 마치 커피도시에 온 것 같은 착각을 준다.

바로 이 모습이 내가 구현하고픈 카페의 모델이었다. 이 모델은 사실, 커피를 처음 공부하면서부터 구상했던 것이었는데, 투자를 받아 창업 후 3년 안에 실현하고자 했던 플래그 쉽 스토어의 단면이었다. 이를 통해, 하드웨어적으로는 커피전문성에 대한 직관적 강렬함을 제공하고, 소프트웨어적으로는 바리스타들의 커피마스터화를 유도하는데 목적이 있었다.

그러나 그 바람은 결국, 계획대로 진행되지 못했다. 오히려 이제는 직원들을 다 정리하고 나 혼자서 카페를 운영한다는 결단을 내렸다. 나름대로는 중대한 결단이었다. 아울러 카페를 매매하기 위한 모드로 본격 돌입했다. 더 이상 이곳에서 카페를 운영한다는 것이 나에겐 의미가 없었기 때문이었다. 마케팅적으로는 내가 할 수 있는 웬만한 것들은 다 실험해보고 운영해봤기에 미련은 없었다. 남은 과제는 제대로 된 적임자를 찾아 적절한 권리금을 수취하고 인수인계하는 것이었다. 솔직히 말하면 그때부터 나는 커피 일이 싫어졌다. 믿고 아꼈던 직원들과의 결별, 이후 채용된 직원들의 말썽, 그리고 갈등들로 인해 정이 확 달아난 것이다. 더 이상 직원들을 채용하기도 싫었고 일을 많이 하고 싶지도 않았다. 그러다보니 자연스럽게 카페 안에서 보내는 시간들이 지루하고 재미가 없었다. 그리고 커피에 대해 공부하지도 않았고 무엇을 더 연구하려고도 하지 않았다. 그래서 영업시간도 대폭 줄여 오후 6시에 영업종료를 단행하였다. 6시에 문을 닫는 커피숍. 가장 미안했던 건 손님들의 불편이었다. 6시 이후 찾아오는 고객들 특히, 퇴근 후에 들러 원두를 구입하시려 했던 고객들의 불만은 생각했던 것 보다 컸다. 어디 그뿐인가? 토요일은 달랑 6시간만 영업을 하고 일요일은 아예 문을 닫았으니 우리 커피에 입맛이 맞추어진 고객들 입장에선 여간 불편한 게 아니었다. 그러나 나의 입장은 확고했다. 더 이상 이곳에 메여 내 비전을 썩히기 싫었고, 함께 꿈꾸지 못할 피곤한 직원들과 일할 바엔 차라리 나 혼자 해낼 수 있는 적정 영업시간 안에 평화롭게 일하다가 떠나고 싶다는 생각뿐이었다. 물론 수익저하에 따른 경제적 어려움은 오롯이 내가 감당해야 할 몫이었다.

1인 경영자가 된다는 것. 여러분은 어떻게 들리는가? 심플하고 자유롭게 들리는가? 아니면 뭔가 허술하고 부족해 보이는가? 요즘은 '1인 스타트 업 컴퍼니'라고 해서 젊은이들 사이에선 제법 멋진 신생 벤처기업으로 통하기도 하지만 적어도 자영업 시장에선 힘들고 고된 자영업의 현실을 대변하는, 이 시대의 안타까운 단면을 보여주는 용어이기도 하다. 1인 경영의 경우 크게 세 가지의 형태가 있는데 하나는 2명 이상의 복수조직으로 시작해서 1인 경영으로 바뀐 경우와

1인 경영으로 시작해서 향후 복수조직을 꿈꾸는 경우, 그리고 마지막으로 처음부터 끝까지 1인 경영만을 추구하는 유형이다. 이중에서 가장 비참한 경우는 바로 첫 번째인 복수조직에서 부득이하게 1인 경영제체로 전환하는 경우이다. 이 세상 어디에도 성장을 싫어하는 사장은 없다. 조직을 키우지는 못해도 적어도 조직을 축소하거나 없애는 데 즐거울 사람은 없다는 의미다. 소위 인건비 따먹기라는 말이 있다. 성장을 위한 투자에 겁을 먹거나 여의치 않아 주저하는 대부분의 사람들이 취하는 방법 중 하나가 직원들을 정리하고 본인 스스로 감내하는 경우다. 내 경우도 취지야 조금은 달랐을 수 있겠지만 그 구조는 같았다. 사실 말이 쉽지 처음 1인 경영(운영)을 한다고 스스로 선언했을 땐 겁도 났다. 모든 시스템을 그대로 유지한다는 전제하에 하겠다고 했으니 말이다. 좋게 말하면 일에 대한 숙련도가 높아져 직원 한둘 없어도 혼자서 운영이 가능해지니 오히려 수익이 증가하는 즐거움을 맛볼 수도 있었지만, 점차 시간이 지나면서 혼자 운영하는 데 따른 운영상의 한계가 여기저기서 나타나 서비스의 질은 떨어질 수밖에 없었다. 물론 이는 사전에 충분히 예상한 시나리오이기는 했다. 충분한 검토 끝에 내린 결정이었기에 막상 시작했을 땐 처음에 생각했던 것 보다는 훨씬 수월하게 운영해 나갈 수 있었다.

가장 큰 문제는 체력의 한계였다. 혼자서 카페를 운영한다는 것은 점심도 어디 가서 자유롭게 먹지 못하고 장시간 홀로 매장을 지켜야 하는 어려움이 있다는 것을 의미한다. 그렇기에 먹는 것에서부터 자기관리를 철저히 하지 않으면 몸이 축나기 쉽다. 두 번째는 아무래도 서비스의 질이 떨어질 수밖에 없다는 점이다. 메뉴라인을 보강하기보단 운영의 편의성을 위해 축소하거나 없애기도 해야 해서 손님들의 요구에 일일이 부응하기가 어렵다는 것이다. 그러다보니 내가 취할 수 있는 최선의 전략은 선택과 집중, 즉 다른 것은 몰라도 신선한 커피, 맛있는 커피에 집중하는 것이었다. 커피의 맛은 -그것은 나의 자존심이기에- 어느 누구에게도 뒤지지 않을 노력과 관리가 따라야 했다. 이것마저 놓쳐버린다면 우리 카페의 정체성은 존재하지 않는 것과 다를 바가 없었다. 이것이 6시에 문을 닫기로 결정한 이유였다. 어차피 매장을 정리하려고 마음을 먹었기에 나는 짧은 영업시간이나마 건강한 모습과 밝은 미소로 신선하고 맛있는 커피를 손님들에게 대접하다가 떠나고 싶었다. 결국, 주중 저녁 시간대 및 주말 대부분의 매출을 포기한 결과는 당연히 크나큰 수익감소로 이어질 수밖에 없었고, 남은 건 부지런히 매장을 매각하는 게 이익이라는 결론이었다. 6시 이후의 생활은 철저하게 운동과 식이 요법 등을 통해 몸을 건강하게 하는 데 주력했고, 틈나는 대로 마음을 다스리는 책과 기도, 다양한 수행법 등을 통해 몸과 마음을 균형적으로 다스리는 데 정성을 쏟았다.

　왜냐하면 최종적으로는 1인 경영(운영)에서 오는 심리적 문제들 즉, 상의할 사람이 없는데서 오는 외로움, 미래에 대한 불안감, 모든 것을 혼자 감당해야만 한다는 책임감 등이 언제든지 수시로 밀려오기 때문이다. 특히, 월말에 이르러 월세를 포함한 관리비, 각종 공과금을 처리해야 할 때가 오면 스트레스가 이만저만이 아니다. 불경기에 메르스 같은 악재가 겹쳐, 엎친 데 덮친 격이 되었을 때, 난 영업시간까지 축소했으니 경제적 압박이 배가되어 다가왔다. 다만 다른 사람들처럼 딸린 가족이 없다는 것을 그나마 다행으로 여겨야 한다는 웃픈 현실을 위안거리로 삼아야만 했다. 가끔 난 그런 생각이 들었다. 나에게 만일 가족이 있었다면 내가 과연 이 일을 할 수 있었을까? 내가 온전히 가족전체를 부양할 수 있었을까? 단언컨대 쉽지 않

1인 카페 운영의 좋은 예- 특화된 메뉴, 재치 있는 메뉴판, 친절한 사장님이 특징인 관악구청 맞은편 소재 맘C커피

왔을 거라 생각한다. 하지만 커피 일을 좋아하는 부부나 가족들이 함
께 운영한다면 가능하다. 그러나 나에겐 결정적으로 함께 할 아내나
가족이 없었다. 난 이것이 1인 경영(운영)의 가장 안 좋은 예라는 생
각이 들었다.

폐업
Talk톡
Shutdown

세계 1등 바리스타도 넘지 못한
카페운영의 벽, 폐업

사전적으로 폐업은 직업이나 영업을 그만둔 상태를 의미한다. 말 그대로 폐閉, 문을 닫고 업業, 일을 안 한다는 뜻이니 아주 자연스러운 용어가 아닐 수 없다. 타인에게 매각을 하든, 그냥 양도를 하든, 혹은 원상복구를 해주고 나가든 이 모든 게 다 폐업이다. 그런데 언제부터인가 우리의 머릿속에 폐업은 망함, 부도, 정리, 눈물, 덤핑 등의 용어로 점철된 아주 부정적인 어감으로 다가오기 시작했다. 내 기억에 이런 단어들을 처음 일상에서 자주 접했던 것은 IMF 때였고, 최근 들어서는 폐업이라는 용어를 아예 마케팅 차원에서 활용하기 때문에 "눈물의 폐업", "폐업 세일전" 등의 단어를 심심치 않게 접할 수 있었던 것 같다. 현실적으로 폐업은 뭔가 잘못 돼서 사업에 실패하거나 그에 준한 상태를 맞이하여 영업을 더 이상 지속할 수 없는 상태를 의미하는 것이다. 나는 그런 문구를 접할 때마다 이런 생각을 하곤 했다.

"사업주들이 도대체 무엇을 잘못해서 저렇게 폐업을 하게 되었을까?"

그런데 신기한 건 그 원인을 찾아보기가 쉽지 않다는 것이었다. 왜냐하면 창업 시에는 지속적으로 창업주와 만나 사업에 관한 이야기를 할 수 있는 기회가 비교적 많지만 정작 폐업 시에는 사업주들이 종적을 감추어 버리기 때문에 긍정적이든 부정적이든 그 후일담들을 듣기가 어렵기 때문이다. 그러다보니 세상엔 실패 사례보다는 성공 사례에 관한 이야기가 더 많이 회자되고 실제로는 분명 실패 사례가 더 많을 텐데 접할 기회가 별로 없다. 막상 내가 무엇인가를 해보려 할 땐 가급적 긍정적인 이야기, 잘 되는 이야기만을 듣고 싶어지기에 생각보다 많은 사람들이 무턱대고 창업을 했다가 낭패를 보는 경우가 많다. 다음 사례는 상적인 눈으로 볼 때엔 성공의 가능성이 많은 조건의 창업케이스라고 여겨질 수 있는데 과연 그런지 한 번 살펴보도록 하자.

카페를 창업하고 장사가 어느 정도 궤도에 오르고 있을 무렵 난 카페투어를 더 열심히 했다. 여기저기, 소문난 카페 방문을 통해 부족한 점들을 체크하고 타 카페들의 장점을 배워 운영에 적용하기 위함이었다. 직원들에게도 쉬는 날이나 틈틈이 수시로 카페투어를 하라고 독려하였다. 그런 경우 마신 커피가격을 청구하면 경비처리를 해주었기에 직원들도 적극적으로 즐겁게 참여하였다. 이렇게 해서 모인 카페 정보 중에 벤치마크 할 카페가 생겨나면 우리는 그곳을 방문하여 뭐 하나라도 배워오려고 하였다. 그중에 가장 인상 깊었던 곳을 소개하자면 마포 후미진 골목에 위치한 자그마한 카페였는데 커피인들 사이에서 꽤 유명한 곳이었다. 그곳을 운영하는 사장이 월드 바리스타대회에서 1등을 차지한 사람이었기 때문이다. 일반인들에겐 다소 생소할 수 있겠지만 커피관련 잡지나 매체 등에선 이런 바리스타들을 거의 스타급으로 조명하였고 이내 모든 커피인들의 선망의 대상이 되곤 하였다. 벌써 5년도 더 된 기억이기에 약간은 가물가물 하지만 함께 일하던 여자 친구도 수준급 실력자로 여러 대회에서 입상경력이 있는 화려한 스펙들의 소유자였다.

매장 근처에 다다랐을 때 첫 느낌은 우선 입지가 상당히 안 좋다는 것이었다. 차량으로 네비를 켜고 갔는데도 찾기가 어려운 곳이어서 차를 먼발치에 주차하고 걸어서 찾아들어갔을 정도였다. 매장에 들어섰을 때 가장 먼저 눈에 띄는 건 역시 유명 브랜드의 빨간색 에스프레소 머신이었다. 그리고 세계대회에서 입상한 흔적들, 즉 상장과 트로피 등이 한쪽 벽면을 차지하고 있었다. 옆에는 작은 로스팅실과 커핑룸이 함께 있었다. 메뉴판도 독특했지만 그 안에 메뉴들은 더더욱 독특했다. 메뉴 하나하나가 모두 창작메뉴였는데 가령 그 흔한 카페라떼 아이스도 명칭에서부터 내용물까지 시중에 파는 것들과 확연히 달랐다. 커피를 업으로 하는 입장에서 감탄사가 절로 나올 정도였다. 그리고 슬로우 커피영역에서도 손색이 없을 정도로 다양한 품종 라인과 추출 기구를 갖추어 서비스하고 있었다. 어떤 면에선 커피인으로서 내 자신이 작아짐마저 느껴졌다. 카피 맛도 흠잡을 데 없이 좋았다. 한 가지 단점이라면 홀이 적어 테이블이 몇 개 없다는 것이었다. 그렇지만 근처에 오피스타운이 있어서 점심 때가 다가오니 테이크아웃으로 주문하려는 손님들이 그런대로 있었다. 그런데 이 매장이 1년도 채 버티지 못하고 문을 닫았다는 소문을 듣고 충격을 받았다. 내 귀를 의심할 정도였으나 여러 사람들의 증언을 종합해 보면 커피의 수준이 너무 높아 해당 지역에서 그다지 인기를 끌지 못했다는 것이었다. 일부 마니아층을 제외하면 커피의 화려함과 가격대 등도 문제가 되었을 수도 있겠지만 나는 그들 스스로가 그곳에서 자부심을 갖기 힘들었을 가능성이 높다고 보았다.

장사든 사업이든 오너는 신이 나야 한다. 신나는 경우는 오직 단 하나. 내가 만든 제품, 서비스가, 많은 사람들에게 인정받고 그것이 수익으로 돌아와야만 신이 나는 것이다. 이 경우를 난 이렇게 해석하고 싶다. 한국 최고의 청국장을 가지고 파리 시내 후미진 골목에서 장사하는 경우와 비슷하다고. 과연 그곳에서 누가 얼마나 그 청국장 맛의 진가를 알아주겠는가? 아무리 최고의 커피와 커피인이 조화를 이룰지라도 결국 고객에게 인정받지 못한다면 말짱 도루묵인 것이다. 이러한 예들은 정도의 차이는 있었으나 수없이 많다. 높은 임대료와 보증금, 권리금까지 지불해야 하고 게다가 커피는 일종의 장비사업이기에 각종 머신과 기구에 투자를 많이 해야 하는데 이럴 경우 초기에 목돈이 예상 외로 많이 들어갈 수가 있다. 어쩌면 위의 사례는 그러한 현실적인 장벽 앞에 오로지 최고의 커피전문가라는 콘셉트로 부동산 비용을 최소화하여 후미진 곳에 입성, 도전장을 냈다가 실패한 사례인 것이다.

　또 하나의 케이스는 내가 커피로 처음 도전받았던 역삼동의 카페다. 비록 이곳 사장님은 월드 바리스타 대회 같은 데 나가 입상한 경력은 없었지만 이미 커피업계에선 주목받는 커피인으로 카페 쇼가 열리면 단골처럼 등장해 커피와 성공하는 카페창업에 관한 명강의를 해주시는 분이었다. 이 분의 강점은 고객과 눈높이를 잘 맞추고 그들의 필요를 기가 막히게 잘 파악한다는 것이었다. 그런데 이 분도 카페를 운영하는 영역에선 어쩔 수 없는 어려움에 처하게 된다. 망해가던 음식점 자리를 흥한 카페로 전환하는 과정에서 시장도 형성되고 수익도 예상치를 넘어 승승장구한다고 생각되던 즈음 집주인이 재계약을 못하겠으니 비워달라고 한 것이다. 재주는 곰이 부렸는데 돈은 엄한 사람이 요구하니 결국엔 방을 빼는 도리밖에 없었던 것이다. 그렇다. 곧 폐업을 하게 된다. 그 분은 지금 강북의 모처에서 드립커피 전문점을 운영하신다. 위의 첫 번째 사례는 아무리 실력이 출중하더라도 고객의 눈높이를 맞추지 못한 오너의 실책이라 할 수 있겠지만, 두 번째 경우는 경영을 잘하고도 내 몰릴 수밖에 없는 일종의 억울한 경우였다고 볼 수 있는 것이다.

어떠한가? 과연 우리는 이 경우를 놓고 성공한 카페창업 이야기
라고 할 수 있을까? 적어도 동화처럼은 아니더라도 '오래오래 그 카
페는 고객들에게 사랑받으며 재계약 등에 휘둘리지 않고 안정적으
로 그곳에서 장사할 수 있었습니다'라는 정도의 결말은 보여야 성공
이라 할 수 있지 않을까? 참 아이러니한 것은 성공하는 카페창업을
컨설팅 하시는 분이 본인의 의사와는 상관없이 그동안 고생하며 이
룩한 권리도 제대로 인정받지 못한 채 거의 강제로 폐업을 당했다는
것이다. 그리고 또 다른 곳에서 어렵게 창업을 해야만 한다는 현실이
참으로 씁쓸하게 다가온다.

부정적 어감으로 다가오는
다양한 폐업의 사례들

5년 계약직 그리고 폐업

한때 직장인들의 로망이었던 카페. 다 그만두고 우선 회사에서 잘릴 일 없어 좋겠다고 생각들 한다. 오히려 내가 직원을 뽑고 나도 소위 갑질(?) 좀 해서 맘에 안 들면 잘라버려야지 하는 생각도 할 수 있다. 보통은 이렇게 억압받았던 사람들이 더 할 수 있다. 실제로도 서비스업에 종사하시며 스트레스 받은 분들이 같은 서비스업 종사자들에게 무례하게 구는 경우를 왕왕 목격한다. 사람이라는 존재가 참 나약하기 그지없다는 생각이 든다. 나도 물론 예외는 아니어서 어디 가서 커피한잔 마실라치면 꼭 티를 내곤 했다. 아마추어 기질을 못 뗀 상태여서 그랬다. 내가 소위 커피 좀 안다고 유세를 떨고 싶었던 모양이다. 커피가 신선하지 못하다는 둥 우유 거품이 왜 이러냐는 둥 이 품종이 그 품종 맞냐 등등 온갖 재수 없는 갑질(?)을 해야만 직성이 풀리는 것이다. 사람에게는 보상심리라는 게 있다. 내가 가질 수 없는 것을 타인이 가졌을 때 보통은 박탈감을 느낀다. 그 다음 단계는 내가 부릴 수 있는 만용을 통해 보상받으려 한다. 가령, 직장인의 삶은 예외가 거의 없는 출퇴근의 삶으로 그 자체가 고단함이며 직장생활은 곧 출퇴근이라 해도 과언이 아닐 만큼 언제 어디서나 무엇을 하든 정시출근을 해야만 한다. 반면, 자영업 사장은 실제로는 그렇지 않은데 직원을 세운다면 얼마든지 출퇴근을 조율할 수 있다. 전날 무리를 해서 아침 정시출근이 어려울 경우 직장인은 회사 내의 절차와 눈총 속에서 월차를 내야하지만 자영업 사장은 그럴 필요 없이 사우나로 직행할 수 있다. 이때 자영업 사장은 생각한다.

"난 눈치 볼 사람 없어서 참 좋아. 불쌍한 직장인들 같으니라구."

과연 그럴까? 결론부터 말하면 애석하게도 그렇지 못하다. 여전히 회사를 나와 사장이 되어도 눈치를 봐야 할 회장님이 한 분 계시는데, 그 분이 바로 조물주 위의 건물주이시다.

통상적으로 상가 계약 시 계약기간은 보통 2년으로 잡고, 1년 단위로 계약갱신을 하게 된다. 그리고 상가임대차보호법 아래 5년간을 법적으로 보장 받는다. 쉽게 말해 2년 계약 후 계약만료가 되어도 특별한 사유가 없는 한 임대인은 임차인을 5년 내에는 강제로 내보낼 수 없다는 뜻이다. 이 때 유의해야 할 점이 최초 계약시점으로부터 5년을 의미하는 것이지 갱신 시점으로부터가 아니라는 것이다.

나 역시 이 점이 헷갈려서 많은 부동산에 의뢰도 해 보았는데 제대로 알고 있는 공인중개사가 의외로 많지 않았다. 그만큼 상가계약은 일반 부동산 계약과는 다른 특수한 영역이다. 물론 최근 들어서는 법이 다소 강화되어 임차인을 보호하는 흐름으로 간다고는 하지만, 현실은 그렇게 녹록치가 않다.

우리는 요즘 PD수첩을 포함해서 시사매거진 등에서 다루는 상가임대차보호법이 어떻고 자영업자의 현실이 어떻고 등등 예전보단 자영업자의 아픔이나 고충을 다룬 프로그램들을 적지 않게 접할 수가 있다. 그만큼 그러한 케이스가 많이 늘어나고 있다는 증거이다. 하지만 현실의 변화는 역시나 더디다. 나 역시 그러한 고통으로부터 자유로울 수 없었다. 내가 있는 상권과 주인은 예외 일거라는 착각이 깨질 때까지 시간은 다소 걸렸지만 늦은 만큼 여파는 강했다. 폐업이라는 것이 경우에 따라 내 의지와 상관없이 강제적으로 집행되어질 수 있다는 현실 앞에 몸서리쳤던 기억이 난다. 이는 아주 사소한 일로부터 비롯되는데 그래서 더욱 억울했다. 내가 운영하는 카페의 상가건물은 애당초 여러 문제점들을 가지고 있었다. 그러나 그 문제점이라는 게 입주해서 바로바로 알아낼 수 없는, 즉 계절의 변화와 함께 발생되는 누수나 역류문제, 혹은 인프라상의 결점들이었다. 그렇다보니 한해한해가 지나갈수록 불만사항들이 발생되는데 그 문제들을 해결하는 주체들이 도무지 움직이질 않는 것이다. 상가의 문제는 보통 상가협의회를 통해 다루어지고 해결되어야 함에도 불구하고 실제로는 그렇지 못한 경우가 더 많았다. 이는 내가 두 개의 상가를 경험해 본 바인데 실제로 보면 영세상가로 이루어진 점주들은 상가문제에 적극적으로 개입할 만한 현실적인 여유가 없다. 그러다보니 몇몇 기득권층(보통 관리비를 많이 내는 대형가게)들에 의해 상가운영이 좌지우지 되는 경우가 많았고 상가관리실이라는 것은 이름만 관리실이지 그 기득권층과 결탁하여 문제해결보다는 업무편의 중심으로 상가를 운용했다. 또한 상가의 모든 문제들은 돈 문제로 직결되게 마련인데, 상가의 특성상 공용시설과 개인전용 시설의 구분이 모호해 관리비를 잘 내고도 실제는 전혀 관리를 받을 수 없는 불합리한 처사가 한둘이 아니었다. 그 중에서도 내가 처음 창업한 첫 번째 상가는 그 정도가 너무 심해서 창업초기 관리실과의 마찰이 끊이질 않았다. 그럴 때마다 나는 매번 집주인에게 전화를 걸어 현재의 실태를 알렸다. 사실 이는 중요한 포인트인데, 엄밀히 말하면 임차인은 월세와 관리비를 밀리지 않고 성실납부하는 조건으로 해당 점포를 빌려서 운영하는 것이기에 상가나 점포에서 발생되는 다양한 문제들에 대해서 해결을 요구할 권리가 있어야 하는 것이다. 그러나 현실은 그렇지 못했다. 관행적으로 우리나라의 상가계약은 철저하게 건물주 위주라고 보면 되는데 특히, 정서적으로 아주 심각한 마인드들을 가지고 있었다. 임차인을 통해 월세를 받는 입장에서라면 당연 해당 임차인이 영업을 하는데 불편함이 없도록 신경을 써주고 배려를 해줘야 함에도 불구하고 거의 대부분이 귀찮다는 반응들이었기 때문이다. 한마디로 말해 자기는 편안하게 월세만 챙기고 나머지는 신경 쓰기 귀찮으니 임차인들 스스로가 해결하면서 장사를 하라는 식인 것이다.

　지난 6년 동안 단 한 번도 월세와 관리비를 체납하지 않고 성실히 장사를 해 온 나는 혜택을 받으려는 마음도 없었지만 현실적으로 보면 체납하지 않고 수년간을 장사 잘해 온 사람들은 집주인 입장에서 정말 감사할만한 사람이다. 적어도 더 이상의 불이익은 당하고 싶지 않았기에 매장 내 발생한 녹물문제로 손해를 입은 사항에 대해 건물주에게 문제의 진단을 요구했다. 아울러 현실적인 해결책의 하나로 비용지원 검토를 요구했고, 건물주 역시 그에 따른 해결책을 제시해 주겠다고 약속한 후 연락을 주겠다면서 통화를 끊었다. 그런데

우리 주변에서 볼 수 있는
건물주 횡포의 사례들

어느 날 전화를 주겠다던 건물주가 갑자기 매장에 나타났고 만나자마자 하는 말은 계약기간 만료일에 나가달라는 것이었다. 이유를 묻자 돌아 온 답변은 더 가관이었다. 임차인인 내가 요구한 사항들은 다 합리적인 요구인데 함께 더 관계를 유지해 가다가는 임대인인 본인이 언젠가 불이익을(정확한 표현은 본인에게 혹을 붙일 것 같다고 함)당할 것 같다며 그렇게 이해해 달라는 것이었다. 여러분은 과연 이 말이 진정 이해가 되시는지 모르겠다. 전혀 앞뒤 맥락이 맞지 않는 집주인의 말에 분노를 넘어 황당함을 감출 수 없었고, 무엇보다 배신감이 들어 상당기간 밤잠을 설쳤던 기억이 난다. 결론은 내가 임차인으로서 해야 할 의무를 성실히 이행했음에도 불구하고 소송을 걸지 않는 한 계약이후 5년이 지난 시점에서 반강제적으로 쫓겨나는 신세로 전락이 되어버린 것이다. 물론 소송을 해서 이길 자신은 있었지만 맘이 떠난 상태에서 내가 내린 결정은 빨리 이 카페를 처분을 하고 이곳을 떠나야겠다는 생각만 강하게 들었다. 나중에 안 사실이지만 건물주는 나의 사소한 언행으로 기분이 상해있었고 소위 괘씸죄를 적용하여 명분도 없이 그런 언행을 일삼은 것이다. 집주인의 심사에 따라 임차인의 생사가 좌지우지 될 수도 있다는 사실에 자존심이 많이 상했다.

지금까지 말한 사례들을 통해 내가 얘기하고 싶었던 것은 자기건물을 소유하지 않는 이상 카페사장도 결국 5년 계약직과 다를 바가 없다는 사실이다. 거기다 건물주와의 마찰이 빚어질 경우 자칫하다

간 타의에 의해 폐업 당할 확률이 높다. 요즘과 같이 장기불황의 늪
이 계속 진행되는 시기에 5년 안에 투자금을 회수할 수 있는 카페는
흔치 않다. 투자금은커녕 제때에 매매를 못해 큰 손해를 감수해야 할
판이다. 그래시 상가법의 개정이 시급하고 영세 상인들의 보호 장치
가 현실적으로 마련되어져야만 하는 것이다.

폐업은 그 무엇보다 시기가 중요하다.

창업도 시기가 중요하지만 폐업은 더 중요하다. 이 글을 쓰고 있는 필자는 결국 운영하던 카페를 폐업하고 새로운 일에 착수하였다. 지나고 보니 창업보다도 폐업하는 게 훨씬 더 어렵다. 창업은 경우에 따라 좋지 않은 타이밍에 시작할 수도 있다. 가령, 사회적으로 안 좋은 이슈들 세월호 사태나 메르스 사태 등 국가비상사태와 맞물리면 영업 손실이 이만저만 아니기 때문이다. 가뜩이나 처음 시작하는 카페가 오픈하자마자 그런 수난을 맞이하게 된다면 항해를 나선 배가 항구를 벗어나자마자 암초를 만난 것과 같다. 운영해 나아가기가 쉽지 않은 것이다. 그러나 주식 곡선과 같이 장기불황의 그늘 중에도 시황의 높고 낮음은 언제나 발생하기 마련인데 저점을 찍은 시장은 어떤 형태로든 올라가는 일만 남아있기 때문에 그 시기를 지혜롭게 준비하고 오히려 워밍업의 시간들로 알차게 꾸려간다면 언젠가는 손님들의 지지 속에 올라설 가능성도 분명 존재한다.

반면, 폐업은 좀 다르다. 가장 큰 차이점은 폐업은 창업과 달리 스스로 일정을 잡기가 곤란하다는 것이다. 물론 상가에 투자한 권리금을 과감하게 포기하고 건물주의 양해를 얻어 폐업한다면 상관은 없겠지만 그런 경우는 흔히 볼 수 없는 일이다. 거기다 원상복구의 문제도 만만치 않다. 자칫하다간 건물주와 의견차이로 실제보다 더한 비용을 – 원상복구 과정에서의 손실비용 – 지불해야만 하는 경우도 생겨날 수 있다. 수천만 원에서 수억원을 호가하는 집기와 장비, 거기다 수년간 쌓아놓은 상가권리를 한 푼도 받지 못하고 폐업을 단행한다는 건 심하게 말해 미친 짓에 가깝다. 금수저(?)라면 또 모를까. 아니 금수저도 그런 짓은 안할 것이다.

생각해보니 나는 창업과 동시에 폐업을 고려한 사람이었다. 앞서 언급했듯이 한국 최고의 커피회사를 꿈꾸던 시절, 테스트 베드로 딱 3년만 하다가 매장을 접기로 했던 나의 계획은 그리 나쁘지 않은 것이었다. 창업부터 폐업까지를 한 사이클로 묶어 다음 사업을 향해 계단식으로 접근하려 했던 나의 기획은 지금 생각해도 나쁜 수가 아니었다. 문제는 그대로 실행을 못했다는 것이다. 당시 창업 후 2년차쯤 되었을 때부터 나는 서서히 적절한 인수자들을 물색하고 있었고, 소위 매각을 고려하고 있었다. 가급적이면 매각과 동시에 강남에 플래그 십 스토어를 오픈하고 싶었기에 관심은 온통 투자자 유치와 입지

선정에 몰두하고 있었다. 나는 전혀 이 매장을 정리하는 것을 걱정하지 않았다. 그도 그럴 것이 장사가 잘되고 있었고 입소문도 꽤 나서 우리 매장에 관심을 가지는 사람들이 생겨나기 시작했기 때문이다. 오히려, 버티면 버틸수록 좀 더 높은 권리금을 받을 수 있겠다는 자신감마저 들었다. 무권리 점포로 들어와 보증금을 제외하고 4년 동안 약 6천여만 원의 설비비용(인테리어 포함)을 들인 우리 카페는 어느새 1억 원에 가까운 권리금을 제시 받을 정도로 변모해 있었다. 그러나 난 그때까지도 폐업의 타이밍을 가늠하지 못하고 있었다. 그리고 시장은 순식간에 변모해가기 시작했다. 하루가 멀다고 우후죽순 커피숍은 늘어 갔고, 카페는 점점 위기를 맞이하게 된다. 분점을 운영하면서 급기야 서서히 탈진하기 시작했고, 판단력마저 흐려지기 시작했다. 결국, 권리금 7천만 원을 제시했던 분과의 협상이 결렬되면서 해가 지나갈수록 내가 취할 수 있는 카페의 권리금은 쑥쑥 내려가기 시작했다. 5천, 3천, 결국 나는 2천만 원도 채 되지 않은 금액에 매장을 넘기고 폐업을 하기에 이르렀다.

아마도 이 글을 보시는 독자 중엔 필자를 탓하며 바보 같은 놈이라고 하실 분도 적잖이 있을 것이다. 이에 부분적으론 인정한다. 사람인지라 아깝지 않다면 거짓말이다. 그런데 솔직히 말해 후회는 없다. 그리고 이번 폐업으로 얻은 교훈은 폐업 시 권리금이라는 것은 결국 파는 시점에서 결정되는 것이지 결코 어떤 과거에 책정된 희망 권리금이 될 수 없다는 점이다. 그래서 폐업을 해야겠다고 마음을 정했다면 과감한 결단이 필요하며, 어떤 시황에 흔들리기 보다는 가급적 본인만의 사업플랜에 따라 움직이길 권하는 바이다. 이것도 사실 현실에 부딪히면 그리 쉬운 일은 아니다. 약간 아쉬워하시는 분들을 위해 약간 다른 측면을 고려해 말씀드리면 다음과 같다.

소위 매장수익이 좋아지고 모든 여건이 좋고 할 때는 굳이 매장을 팔려고 할 필요성을 못 느낄 것이다. 그러나 반대로 경기가 나빠지고 매장수익이 떨어지기 시작하면 보통의 사람들은 투자를 하기보다는 방어적으로 변모한다. 즉, 비용을 절감하고 가급적 있는 것을 활용해 버티려는 경향이다. 내 경우도 예외는 아니었다. 내가 만일 이 카페에서 오랫동안 있기로 처음부터 마음을 먹었다면 난 분명히 적극적인 투자를 단행했을 것이다. 그러나 내가 해 볼 수 있는 모든 마케팅 활동을 실험해보았고, 고객과의 관계를 긴밀하게 유지했으며, 상처 깊었던 직원들과의 결별이후 내가 이곳에 남아 있어야 할 이유를 잃게 되었다. 거기다 건물주의 횡포까지. 세상은 나를 40대 후반의 아저씨쯤으로 취급하겠지만 난 아직 내가 펼치고자 했던 꿈들을 포기하기엔 여전히 젊다는 생각을 한다. 다시 한 번 나를 시험해 보고 싶다는 도전정신이 있다. 그러다보니 매장을 쥐고 있으면 쥐고 있을수록 내 삶의 기회비용은 더 들어갈 것만 같았으며, 동시에 경제시황은 최악으로 치닫고 있어 심할 경우 진짜 시설권리금 한 푼도 못 받고 원상복구비용까지 지불하면서 쓸쓸히 퇴장할 수도 있겠다는 생각이 든 것이다. 그래서 난 필사적으로 매장을 팔기위해 노력했고, 결국 보증금 2천만 원과 권리금 1천 6백만 원을 쥐고 나오게 되었다. 만일 내가 그런 노력조차 안했더라면 보증금에서 원상복구 비용 2백여만 원을 제하고 1천 8백만 원만 쥐고 나올 수도 있었다는 의미이다. 곱절이나 더 받고 나왔다고 생각하면 그만이다. 그래도 여전히 아쉬운가?

그렇다면 한 가지를 더 소개하겠다. 어쩌면 많이들 들어보셨을 얘기이기도 하다. 100명이 커피숍을 창업했을 때 5년 후 여전히 영업을 하고 있는 사람은 과연 몇 명이나 될까? 정답은 26명이었다.[*] 즉, 나는 상위 26% 안에 든 꽤 준수한 경영능력을 가진 카페사장인 셈이었다. 맘만 먹으면 10년은 채울 수 있지 않을까 싶기도 하다. 그런데 과연 이 26명의 생존자들의 경영상황은 어떠할까? 나의 직간접적 정보망과 경험을 토대로 보건데 그들도 역시 고전을 면치 못하고 있을 것이 분명하다. 그 중엔 어쩔 수 없이 손해를 감수하며 버티기로 일관하는 사람도 있을 것이다. 가끔 참 희한한 이야기들이 돌아다닐 때가 있다. 말은 그럴싸 한데 가만히 들어보면 점점 열이 올라오게 만드는 말들 말이다. 이런 이야기다.

"포기하지 않는 자가 성공하는 자다. 그러니 버텨라."
성공법칙을 꽤 낭만적으로 표현한 문구이다. 내가 장담하건데 이

----

[*] 출처 : 공공데이터 포탈 2014년 3월 10일 공개 《전국 12개 도시의 음식점 20개 업종에 대한 빅데이터》 행정자치부

런 말을 만들어내는 사람은 대대수가 분명 자영업을 해보지 않은 사람일 것이다. 개그맨 박명수의 어록이 한창 회자되던 때가 있었다. 몇 가지를 소개하면 "티끌모아 티끌", "가는 말이 고우면 얕잡아 본다", "세 번 참으면 호구된다", "어려운 길은 길이 아니다", "포기하면 편하다" 등이다.

어떠한가? 역시 최고의 개그맨답게 결코 가볍게 볼 수만은 없는 어록을 남겼다고 생각되지 않는가? 난 그래서 박명수 씨를 좋아한다. 공교롭게도 그는 나와 생년월일이 같다. 그래서 더 호감이 가는지도 모르겠다. 마지막 말인 "포기하면 편하다."는 말이 꽤 설득력 있게 다가온다. 나는 이 말을 약간 패러디 해 보고 싶어졌다.

"제 때 포기하면 성공한다."

내가 카페를 포기하지 않고 7년여를 버텨온 이면엔 미련한 나의 자존심이 있었음을 고백한다. 자존심이 물론 중요하긴 하다. 난 자존심도 없이 사는 사람을 좋아하진 않는다. 하지만 나중에 가서 후회할 자존심이라면 차라리 자존심을 좀 내려놓고 제 때에 포기할 줄도 알아야 그만큼 도전할 기회가 주어진다고 생각된다. 옛날엔 100명 중 26명 이야기를 들으면 26명이 대단한 사람들처럼 느껴졌지만 지금은 그렇지가 않다. 오히려, 제 때 포기할 줄 알아 5년 내에 폐업을 단행한 나머지 74분이 더 현명하고 용기 있고 대단한 분들일 수도 있다는 생각이다. 부디, 그들이 새로운 기회와 도전으로 성공하시길 염원 드리고 싶다.

폐업에도 전략이 필요하다

여러분은 혹시 '폐업 컨설턴트'라는 직업을 들어본 적이 있는가?

이번에 폐업을 진행하면서 처음으로 들어 본 말인데 처음엔 폐자재 수거나 폐업 시 물품을 정리해주는 사람인 줄 알았다. 그런데 알고 보니 전혀 그렇지 않았다.

폐업. 얼핏 들으면 폐업은 내가 장사나 사업을 그만 두는 건데 무슨 전략이 필요하냐고 반문할 수도 있겠지만 사실은 가장 중요한 게 폐업전략이다. 왜냐하면 폐업은 곧 이어갈 경력전환의 출발점이자 재취업의 발판이 될 수 있기 때문이다. 폐업을 실질적으로 준비하는 시점부터 나는 제일 먼저 무엇을 해야 하나를 놓고 고민하게 되었다. 결국, 폐업도 잘해야 하겠지만 궁극적으로는 폐업 이후 내가 무슨 일을 할 것인가가 가장 중요했기 때문이다. 예를 들어, 내가 이 카페를 정리하고 다른 장소에서 카페 일을 다시 해야 할 경우 목돈이 필요할 터인데, 그 목돈을 마련하는 가장 좋은 방법 중 하나가 우선은 카페의 권리금과 보증금을 안정적으로 회수하는 것이어야 하기 때문이다. 그럴 때 권리금을 잘 회수하는 방법과 보증금을 안정적으로 확보하는 것 등도 사실상 전략적으로 접근해야만 모든 일이 순조롭게 풀려나갈 수 있다.

작년 가을 무렵 어느 날, 지하철을 이용해 역 내를 걷고 있는데 광고판이 하나 눈에 들어왔다. 그건 바로 고용노동부에서 청·장년층의 취업을 돕기 위해 실시하는 취업성공 패키지라는 프로그램에 대한 홍보였다. 난 본능적으로 그 광고판을 스마트폰 카메라로 찍어 놓았고, 수주 후 해당부서로 전화를 걸었다. 나의 현 상태와 앞으로의 재취업을 위해 기본적인 사항을 묻더니 최근에 만들어진 제도라 설명하면서 나는 현재 폐업상태가 아니니 소상공인시장진흥공단에서 운영 중인 폐업 컨설팅 프로그램에 먼저 입과(入科) 하라고 권유받았다. 그리고 다양한 부문의 폐업 컨설턴트들의 도움을 받아 지원도 받고 컨설팅도 받으면서 자연스럽게 취업성공패키지로 연결하라는 당부도 들었다. 솔직히 말해 난 정부가 시행하는 이러한 프로그램들을 크게 신뢰하지는 않았지만, 생각보다 친절하고 조리 있는 설명에 마음을 열고 한번 참여해 보기로 하였다. 결정적인 이유는 개인 사업을 한지 7년이 다 되어가고 거기다 내 나이 또한 취업시장에선 적지 않은 경력단절 상태였기 때문이다. 인맥을 통하거나 차선, 차차선의 다

양한 채널의 취업전략이 필요하다고 판단되었다. 물론 내 나이 정도
가 되면 회사에서 받아주는 경우가 거의 없었지만, (오히려 나갈 준비
를 해야 하는 나이가 되어버렸다) 혹시 그동안의 커피경력을 원하는 커
피회사가 있을지도 모른다는 약간의 기대와 함께 커피마케터로서의
내 이력을 어필해 보고 싶다는 욕심도 생겼다. FA시장에 내 시장가
치를 평가받아 보고 싶다는 프로야구 선수의 심경과 비슷했다고 비
유해도 무방할 것 같다.

　소상공인시장진흥공단 홈페이지에 들어가 회원가입을 하고 담당
자에게 전화를 걸었더니 원활한 폐업진행을 위한 다양한 무료 온라
인 학습 프로그램도 소개해 주었고, 가장 흥미로웠던 것은 각 부문
별, 그러니까 세무, 노무, 경영분야별 전직 시니어 리더들을 폐업 컨
설턴트로 위촉, 본 프로그램을 신청한 매장으로 직접 컨설턴트들을
파견하여 경영진단과 아울러 컨설팅 서비스를 제공해 준다는 것이
었다. 이 역시 크게 신뢰하지는 않았지만 이 모든 게 무료이며, 부담
없이 들어보라는 설명에 정성껏 신청서를 작성하여 등록을 하였다.
온라인 강의는 내가 생각했던 것보다 알차고 유익했다. 물론, 그 내
용 자체에 대해선 보는 이에 따라 너무 기본적인 것들이 아닌가 하
고 반문할 수도 있겠지만, 오히려 그 기본적인 것들을 놓치면 안 된
다고 판단되었기에 더욱 귀 기울여 들었다. 가령, 최소비용의 투자방
법을 이용, 생동감 있는 매장으로 어필한 후 권리금을 더 확보하라는
전략으로부터, 폐업 전 건물주와의 원활한 관계를 유지하여 돌발 사

태 등을 미연에 방지, 보증금을 안전하게 확보하라는 비교적 고도의 관계전략까지 다양하였다. 오랜 기간 창업과 영업만 해봤지 한 번도 폐업을 경험해 보지 않는 나에게는 그 모든 기본적인 것들이 신선하게 다가왔다. 그렇게 온라인 학습을 하나하나 수료해 나갈 무렵, 진짜 폐업 컨설턴트 분들이 주별로 한 분 한 분 방문하기 시작했다. 그분들은 하나같이 각 분야 전문경영인으로서 성공과 실패를 두루 경험한 백전노장들이었다. 또한 좋은 스펙만큼이나 다양한 경험과 인간적인 면면들도 훌륭했다. 그분들과는 기본방문이 다 끝나고 나서도 종종 우리 카페에서 차를 나누며 사회와 사업에 관한 많은 이야기들을 나누었다. 지금 생각해도 참 고마운 분들이었다. 그분들과 몇 주에 걸쳐 이야기를 나누는 동안 참 많은 걸 느낄 수 있었는데 그중에서도 가장 고맙고 힘이 되었던 건 바로 그동안 내가 운영해 온 이 카페가 성공적인 경영을 해 왔다는 진단과, 지금의 경제상황과 이곳 시장상황을 고려할 때 빨리 철수하여 후일을 도모하기 위한 재취업 전략에 돌입하는 것이 좋겠다는 권고였다.

참으로 감사했다. 그리고 힘이 되었다. 아울러 그분들이 당부한 최고의 조언은 사람을 챙기라는 것이었다. 그렇다. 난 지난 7년여 동안 커피와 함께 살아오면서 주변을 챙기지 못했다.

어쩌면 어느 사이엔가 나는 커피를 핑계 삼아 혼자만의 세상으로 갇혀 들어가는 삶을 선택하고 말았는지도 모른다. 이제 그 기나긴 터널에서 나와 새롭게 나를 조망할 필요가 있었다. 그러기 위해선 첫 번째로 매장을 잘 정리하면서 끊어졌던 사람들과의 관계를 회복해 나아가는 것이 필요했다. 카페를 정리하는 요령은 다음과 같다. 이것은 필자 사용한 방법이니 어디까지나 참고만 할 것을 밝혀둔다.

우선은 커피와 관련된 전문적인 카페(네이버, 다음, 중고나라)에 가급적 많이 가입하여 매매공고를 수시로 올린다. 올릴 때에는 창업이나 카페 소개관련 꼭지를 잘 찾아서 올리도록 한다. 왜냐하면 그곳에 매장 인수에 관심이 있는 사람들이 가장 많이 몰려 있기 때문이다. 실제로 올려보면 생각보다 많은 사람들로부터 방문요청 전화가 온다. 이 과정에서 카페 창업 컨설턴트나 매매를 도와주겠다며 전화를 해오는 업체들은 가급적 이용하지 않길 바란다. 그들은 대부분 고가의 수수료와 권리금을 취득하기 위해 하나의 리스트로서 우리 매장을 이용할 뿐이지 실제적인 거래 성사에는 별 도움이 되지 않는다. 심지어는 질이 좋지 않은 세계의 사람들도 만날 수 있다. 주변 부동산에 매매를 외뢰해 놓는 것도 좋지만 이 역시 내 경우엔 별 도움이 되지 않았다. 또 하나의 방법은 매매공고를 현관에 붙여 놓는 것이다. 이때 무미건조하게 써 놓는 것보다는 진솔하고 매장매매에 대한 진지한 의지가 담겨있는 그래서 결론적으로 좋은 분을 모시고자 함을 피력한 글이면 좋다. 실제, 내 경우도 그랬지만 이러한 방법들이 더 좋은 조건에 더 빨리 매매를 진행시킬 확률도 높다. 내 경우는 타이밍을 조율하느라 기회를 놓친 측면도 있었지만 금액상으로는 더 좋은 조건에 오퍼를 해 온 경우가 더 많았다. 마침내 적절한 인수자가 생겨 협의를 하는 과정에서 내가 상대방에게 줄 것과 포기할 것을 잘 정리해두어 미리 대비해야 한다. 즉, 권리금을 더 받기 위해 시간싸움을 더 할 것인가, 더 나은 기회를 포착하기 위해 권리금의 일부를 다소 양보하더라도 원하는 시기에 사인을 결정할 것인가 등에 관한 것이다. 내 경우는 후자를 선택한 모양새가 되었는데 이 글을 읽으시는 분들께선 더 지혜롭게 준비해서 두 마리 토끼를 잡을 수 있기를 진심으로 기원한다. 그 이후의 행정적인 절차 등에 관해선 굳이 여기서 논하지는 않겠다. 수순에 의거 자연스럽게 처리하면 될 것이다. 요즘은 폐업신고 등도 국세청 홈페이지 홈텍스에서 가능해졌으니, 참고하면 좋을 것이다. 마지막으로 중요한 것 하나만 더 이야기 하겠다. 권리금이 되었든 보증금이 되었든 모든 돈이 내 통장으로 들어오기 전까지 어떤 것도 상대에게 허용해서는 안 된다. 즉, 사전에 매장에 집기설치를 허용 한다든지, 시간 절약을 이유로 매장의 변형과 권리행사에 준하는 어떠한 영업행위도 용인해서는 안 된다. 특히, 건물주는 신구 임차인간 권리금 부분에 관해서 일체 간섭을 하

지 않도록 되어있기 때문에 건물주와 3자 대면을 통해 계약 전에 미리 권리금을 확보해 놓으면 좋다. 만일, 이러한 거래가 어렵고 서툴러 정 부담이 된다면 양해를 구해 부동산 업체에 복비(중개수수료)를 주고 진행하는 것도 한 방법이 될 수 있다. 어떠한 선택을 하든지 큰 돈이 오가는 일이기에 긴장을 늦추지 말고 미리미리 잘 알아보고 숙지해서 안전하게 매매를 진행시켜야 한다.

한국에서의 창업과 폐업
그 이후 들여다보기

나는 이 글을 쓰면서 누구나 할 수 있는 흔한 말들을 배제하는 데 주력했다.

가령, "준비 없는 창업을 하지 말라", "창업을 하되 이렇게 저렇게 하면 성공한다" 식의 상투적인 말들 말이다. 결론부터 얘기하면 설사 잘 준비하고 창업을 한다 해도 유지하는 과정에서 폐업을 고려해야만 하는 순간이 반드시 오게 된다는 것을 말해주고 싶었다. 그리고 폐업을 고려했으면 단호한 결정과 함께 전략적으로 접근할 것을 권고했다. 그러나 보통의 경우 성공하는 그림만 상상하지 잘 안 되는 순간을 고려하고 시작하는 이들은 드물다. 그러나 이제는 (잘 준비되고 훈련된 사람들에게조차도) 영업을 지속하는 일이 결코 만만치 않은 세상이 되었다. 한번 살펴보자.

　한국의 자영업자 비율은 세계에서도 기형적으로 높은 비중을 차지한다. 2013년 OECD 기준, 그리스(36.9%), 터키(35.9%), 멕시코(33.0%)에 이어 한국(27.4%)은 4위다. 하지만 그 속을 들여다보면 그리스, 터키, 멕시코는 관광대국으로서 생계유지의 수준을 넘어 국가산업으로의 자영업자 비중이 높아 그 기초가 튼튼하다. 반면, 우리나라의 경우는 일자리 부족과 정리해고 수의 기하급수적인 증가로 철저히 생계형으로 치닫고 있다는 게 문제이다. 최근 기업의 해고기준이 법적으로 더욱 쉽게 집행될 수 있도록 보장되었으니 앞으로 대량해고에 의한 노동시장의 취약성은 더욱 심각해 질 전망이다.

　카페창업의 시장은 더더욱 심각하다. 앞서 제시한 우리 카페의 성공적인 사례를 생각하면 안 된다. 비교적 철저하게 준비하고 창업시장에 뛰어든 편인 필자도 몇 년 지나지 않아 심각한 영업이익의 저하로 고전을 면치 못하였다. 매장을 하나 더 오픈했지만 그것이 오히려 독이 되어 힘들었던 장면들을 기억하실 것이다. 보통 직장인들이 가진 자금의 총규모를 1억으로 놓고 보았을 때 보통은 권리가 있는 상권에 들어가 영업을 시작하게 된다. 이중 권리금과 보증금을 제하더라도 5년 후 폐업 시 인테리어비용과 집기의 감각상각을 고려하면 최소 2천만 원 이상의 투자가 이루어진다. 쉽게 말해 폐업 시 최소 2천만 원 정도가 들어 간 인테리어 비용은 그냥 날린다고 생각하면 된다는 의미다.(기물구입에 대한 감가상각을 더하면 초기 투자비용은 더 늘어난다) 커피와 브런치 등을 구매해 주는 고객의 인당 객단가는

4~5천 원 내외이다. 요즘은 가격파괴 바람이 불면서 더 낮게 책정되어야 하는지도 모르겠다. 하루 평균 손님방문수를 50명으로만 잡아도 평균 일판매가 25만 원(5천 원×50명)정도가 된다. 한 달로 계산하면 30.5일 기준 약 7백 6십여 만 원의(25만 원×30.5일) 매출이 나오고 이중 평균적인 카페의 매출원가인 25%정도를 제하고 나면 매출총이익은 대략 5백7십만 원 정도가 된다. 여기서 인건비를 포함한 영업비용을 하나씩 제하고 나면 결국 사장님께서 가지고 가실 월급여가 나오게 되는데 1인 경영이 아닌 정상적인 매장운영을 한다고 할 시 약 40%의 영업비용이 발생하고 결국, 약 2백3십만 원 정도의 경상이익이 발생하게 된다. 그렇다면 사장님의 급여가 2백3십만 원이라는 말 같지만 이 계산은 각종 세금과 영업외비용 가령 직원들 복지로 쓰는 회식비, 금융이자, 최소한의 연구개발비용 등이 포함되지 않은 것이다. 그것까지 고려하게 된다면 2백만 원이 채 안 되는 급여를 가져간다고 할 수 있겠다. 어떠한가? 1억이라는 돈을 투자해서 2백만 원을 벌어가는 구조가 매력적으로 보이는가? 만일, 사장이 일하지 않고 온전히 직원만으로 운영되는 오토매장의 경우라면 나쁘지 않을 수 있다. 하지만 그렇게 해서는 매장이 원활하게 돌아가기가 어렵다. 이 외에도 임대료 상승과 연간 휴일, 해당상권의 특성 및 계절에 따른 성수기와 비성수기의 편차, 불가항력적인 사회적 이슈(세월호나 메르스 사태 등) 등을 고려하면 정말이지 머리가 지끈지끈 아파올 것이다.

　그래도 위의 예는 비교적 괜찮은 편에 속한다고 할 수 있다. 우스갯소리가 아니다. 실제로 한국에서 도심형 카페를 창업하기 위해선 생계 목적이 아닌 취미로 해야 한다는 말이 나올 정도다. 즉, 집안에 돈이 많아서 먹고 살 문제가 전혀 없거나 정말 카페사업에 미치고자 하는 사람이 아니라면 절대로 해서는 안 되는 사업이 바로 이 사업인 것이다. 안타깝게도 교양과 낭만의 상품인 커피를 주인공으로 한 카페경영에 관해 너무나 경제적인 관점으로만 짚은 것 같아서 무척 송구하다. 그러나 우리가 사업을 지속적으로 운영하고 원치 않는 폐업을 피하기 위해선 이 경제적인 문제로부터 자유로워져야만 한다. 만일, 그래도 이러한 리스크를 안고 꼭 카페창업을 해야겠다면 가진 자산의 대부분을 처분하여 가급적 지방의 먼 도시 그중에서도 지역적으로 관광산업이나 공업 단지 등이 발달된 비교적 구매력이 높은 도시에서 할 것을 권유해 본다. 그리고 가능하다면 혼자 하는 것 보단 마음과 뜻이 맞는 친구나 배우자 등과 함께 할 것을 조언한다. 그리고 만일, 향후 아이양육을 고려한다면 둘 중 한분은 그래도 안정적인 캐쉬 카우를 확보한 직업군에 있기를 바란다. 카페 일은 그 자체로 때론 무료하기도 하며, 체력적인 부담도 많고 동시에 돈이 되는 사업도 아니기 때문이다.

　이쯤에서 국가의 위정자들과 사회층의 리더들을 향해 한마디 하지 않을 수 없다. 나는 비록 사업가적인 마인드로 커피사업을 시작해서 나중엔 장사 모드로 바뀐 케이스였지만 나름 주어진 환경 속에서 건강하고 바르게 생존하기 위해 최선을 다했다. 언제나 정도 이상의 욕심을 부리지 않으려 노력해왔으며, 세상엔 공짜가 결코 있을 수 없다는 마인드로 비교적 지혜롭게, 비교적 스마트하게, 비교적 성실하게 지나 온 7년여의 커피사업 여정이었다. 창업 과정도 만만치 않았지만 폐업을 전후로 과연 이 나라가 자영업을 하는 사람들을 자국민으로 대하긴 하는 것인지 의심스러울 정도로 서운한 맘이 가득했다. 우선적으로 폐업을 하게 되어도 자영업자들에겐 실업 보험 등의 사회보장제도가 거의 전무하다. 노란우산공제와 같은 제도가 있지만 보다 적극적이고 국가 주도적인 사회안전망을 만들어 폐업 이후 불안한 요소를 줄여야 하며, 자영업자들의 재기를 위한 쿨하고도 감동 있는 지원 프로그램들이 생겨나야 한다. 어찌 보면 어려운 가운데에서도 직원을 고용하며 국가의 실업률 저하에 일조를 한 사람들인데 직장인들보다 못한 처우를 하는데 대해서 늘 납득이 가지 않았다. 국민연금이나 의료보험, 또 직원들의 고용보험에 이르기까지 모든 비용을 스스로 충당해야만 하는 영세자영업자들의 경우는 비중을 현실적으로 조정해 부담을 줄여주는 것도 필요하다고 본다.

제1금융권도 문제가 많다. 사업자를 내고 영업을 개시할 때는 각종 보험에 청약에 다양한 상품을 구매해 달라고 요구하고선 정작 사업상 필요에 의해 폐업을 하고나면 사용하던 마이너스 대출계좌를 바로 폐쇄해 버린다든지 하는 속 보이는 짓을 한다. 환멸을 느끼지 않을 수가 없다. 자영업은 사업이 아닌가? 1~2년도 아니고 7년을 운영해 온 자영업자라면 분명 자신만의 레퍼런스와 포트폴리오가 있는 것인데, 그러한 커리어가 없을 땐 없다고 문제를 삼고, 있을 땐 폐업을 문제 삼는다. 그동안의 기여도를 고려하지 않은 채 자기 이속만 챙기고 입 닦아버리는 것이다. 월세를 사는 사람들의 경우도 그렇다. 직장인들에게는 공제혜택을 주면서 왜 자영업자들에게는 그런 혜택을 주지 않는가? 나로서는 이해를 할 수가 없다. 자영업이 무슨 죄인가? 국가의 노동시장 개혁 및 정책의 부재로 만들어진 범국가적 실업률, 그로 인한 고용시장의 붕괴, 직장인들의 자영업으로의 대거 이동, 피 말리는 경쟁과 도태, 이 모든 정책의 실기로 발생된 사회적 비용을 왜 자영업자들만이 온 몸으로 받아내야만 하냐는 말이다. 창업은 창업대로 폐업은 폐업대로 성공과 마무리를 잘 할 수 있도록 보다 많은 전문가들을 고용해서 지원해 주고 인큐베이팅 해 주는 제도를 왜 만들지 못한다는 말인가? 상가임대차보호법은 또 어떠한가? 임차인들이 오랫동안 쌓아놓은 수고와 땀을 별다른 노력 없이 월세만 따박따박 가져가는 임대인들에게 더 유리한 권리를 부여해 온 법과 제도를 왜 전향적으로 바꾸지 못하는가 말이다. 참으로 답답하고 어이없는 사회구조가 아닐 수 없다. 물론 나의 경우는 폐업 컨설턴트 제도를 잘 활용해서 득을 본 케이스이기는 하다. 그러나 그것도 따져 보면 실질적인 큰 이득은 없었고 어찌 보면 내가 스스로 찾아 만들어 낸 관계 속에서 얻어낸 열매라고 보는 게 맞을 지도 모르겠다. 진심으로 말하건대, 내가 태어난 이 땅 대한민국이 복 받기 위해선 8백만 자영업자를 반드시 살려내야만 한다.

그래도 도전이다

　정도의 차이는 있지만 몇몇 대기업과 금수저(?)들을 제외하면 이 나라에 사는 거의 모든 이들이 언제 폐업상태가 될지 모르는 임시 계약직이 아닌가 싶기도 하다. 한마디로 '폐업대기'라는 말이다. 직장인도 그렇고 중소기업도 그렇고 개인사업자들도 마찬가지이다. 결국, 우리 국가 전체가 부국강병이 되어야 이 사회 곳곳에 밝은 빛이 들어오고 건강한 시스템을 이루어 국민 전체가 이용후생 할 수 있다는 생각이다. 최근 한국경제를 오랜 기간 떠 받쳐오던 조선 산업의 몰락을 바라보면서 만감이 교차한다. 이제는 바야흐로 전통적인 산업군이 퇴조하고 바이오, VR, 인공지능과 같이 새로운 패러다임이 물결을 타고 있으니 말이다. 세간에선 이세돌 9단이 알파고에 패했다하여 인공지능의 세상에 대해 우려하고 있지만 나는 그렇게 부정적으로 보지는 않는다. 아니 보아서도 안 된다. 그곳에 우리의 미래가 달려있고 생계가 달려 있기 때문이다. 한 가지 있다면 알파고를 가진 자와 알파고를 가지지 못한 자로 양극화가 될 것에 대한 우려는 있다. 자동화와 인공지능의 등장, 그로 인한 많은 직업군의 몰락은 어쩔 수 없는 대세처럼 보인다. 내가 좋아하는 야구장에서 심판들이 없어질 날이 훤히 보이기 때문이다. 그렇다면 그 심판들은 굶어 죽을까? 결코 그렇지는 않을 것이다. 가령, 요즈음 카메라 시장에선 다시금 디지털 대신 아날로그 필름에 대한 향수가 붐을 타고 있다고 한다. 필름 사진이 주는 독특한 매력이 있기 때문이다. 커피를 마시는 문화는 또 어떠할까? 아직까지는 인조인간 로봇이 타다주는 커피를 상상하기는 싫지만, 최근 일본에서 만들어지고 있는 기계인간의 형상을 보면 수년 내 만화책에서만 보아왔던 인간과 흡사한 모습을 마주할 수도 있을 것 같다.

　　나는 지금 커피와 카페에 관한 폐업 세션 속에서 미래의 변화를 이야기 하고 있다. 무엇을 말하고 싶은 거냐 하면 이제는 우리가 보다 유연한 자세로 미래를 맞이하지 않으면 안 되는 시기가 왔다는 것이다. 2010년도에 해 본 카페경험은 2016년도 시장에서는 크게 도움이 되지 않을 수도 있다는 말이다. 즉, 커피가 앞으로 어떻게 변모할지 카페문화가 어떠한 모양으로 변모할지 아무도 모른다. 내가 보기에 지금의 추세대로라면 기존 형태의 바리스타가 필요치 않을 순간이 올 것만 같다. 모든 것이 표준화되고 메뉴얼화가 된다면 다시 한 번 자판기 커피문화가 사물인터넷과 더불어 붐을 이룰지도 모른다. 그게 가능할 수 있는 게 이미 일본의 스시 프랜차이즈 업체 중에는 모든 인력을 기계로 대체하여 오토로 운영 중인 곳이 생겨났기 때문이다. 물론, 이와 같은 일들이 대중화되기 위해선 시장과 고객으로부터 좀 더 검증이 되어야만 할 것이다. 나는 그래서 커피 일을 잠시 중단하기는 하였으나 포기하지는 않았다. 지금의 열악한 환경 속에서 굳이 자본을 잠식시켜가면서 자영업, 즉 카페운영을 할 필요가 없다고 판단한 것이다. 사업이나 장사를 잘하는 사람들은 시장의 흐름과 돈이 흘러가는 경로가 보인다고 한다. 그들은 디지털 세상 속에 아날로그를 팔아 돈을 벌 수도 있고 그 반대의 경우도 가능하게 하는 사람들이다. 지금 당당 그러한 능력이 없다면 빨리 폐업을 하고 새로운 도전에 나서는 게 맞다.

피곤하기도 하지만 수용할 수밖에 없는 흐름 중 하나는 바로 CLC Company Life Cycle가 점점 더 짧아질 것이라는 것이다. 이 얘긴 전통적으로 소위 철밥통이라고 불려왔던 기업, 기관, 직업, 직종 등의 수명이 짧아지고 다양한 형태로 변형 및 변화되어 새로운 서비스로 대체되는 주기를 의미한다고 할 수 있다. 어쩌면 좀 심한 말로 폐업과 창업을 밥 먹듯이 하는 것에 익숙해져야 한다는 의미가 될 수도 있겠다. 그러니 이제는 폐업에 두려움을 가지지 말고 전략적인 폐업을 통해 새로운 도전과제들을 설정해보자. 이합집산離合集散이란 말을 아실 것이다. 흩어졌다 모이고 모였다가 흩어지기를 반복하는 모습 말이다. 지금 우리에게 필요한 자세가 아닌가 싶다. 다만, 흩어져 다시 모이는 가운데에 뭔가 새로운 재교육과 새로운 형용사가 될 만한 준비가 필요한 듯 보인다. 이제는 단순한 명사로 끝나는 직업 시대는 지나가는 흐름이 아닌가 싶어서이다. 가령, 앞으로는 그냥 변호사가 아니라 로봇소송 전문 변호사, 마음까지 치유해 주는 몸/마음 힐링 마사지사, 관계회복 전문 목사, 유머전문 신경정신과 의사, 커피향 테라피 전문가 등 인간의 오감과 감성을 터치하는 영역에서 보다 더 세분화되고 전문화된 직종이 탄생하지 않을까 예상해 본다.

당신은 혹시 운영하는 카페로 인해 폐업을 고민하고 계시는가?

아마 그런 분이 많을 것이다. 당신은 혹시 날로 늘어만 가는 경쟁 카페들의 무차별적 가격인하 정책과 새로운 서비스들에 대항해 힘겨운 싸움을 하시는 분인가? 아마 많이 힘드실 것이다. 필자 역시 그러한 소용돌이 속에서 많이 고민하고 힘겨워했다. 먼저 같은 커피인의 입장에서 위로와 격려의 말씀을 전해드리고 싶다. 동시에 이 일을 그만두면 무얼 먹고사나 걱정이 되어 그만두고 싶어도 그만둘 수 없는 처지라면, 우선은 주위를 둘러보고 많은 사람들과 교류하며 관계를 넓혀보라고 권하고 싶다. 분명히 그 속에 지혜와 해답이 숨겨져 있을 것이다. 혼자서 판단하지 말고 보다 적극적으로 몸을 움직여 대화하고 상의해 보기 바란다. 필요하다면 필자처럼 공공기관에 문의를 하여 상담을 받아보는 것도 방법이다. 대체적으로 카페를 하시는 분들이 개성과 재주가 많아서 혼자서 모든 일을 처리하려는 습성들이 강하다. 그렇지만 이제는 그러지 마시라고 말하고 싶다. 그리고 버티고 버티다 너덜너덜해져야만 폐업을 결심하는 사람들이 꽤 있다. 그러지 않으셨으면 좋겠다. 필자의 경우도 그 정도까지는 아니었지만 커피에 대한 자존심으로 버티려 하다가 놓쳐버린 유무형의 기회비용이 생각보다 상당하다.

과거에는 버티는 게 미덕인 시절이 있었다. 앞서도 말했듯이 폐업했다고 말하면 다소 안돼 보이는 표정으로 바라보는 경우가 많았고, 막연하게 버티다 보면 좋은 날이 오겠지 하는 시절도 분명 있기는 했다. 미안한 얘기지만 이에 해당하는 사람들은 극소수이다. 우리 사회에서 회자되는 이야기들 중엔 사실상 일반적이지 않은 게 꽤 많다. 그래서 곧이곧대로 따라했다가 낭패를 보는 경우도 많다. 어떻게 모든 사람들이 상위그룹의 삶을 살 수 있다는 말인가? 어떻게 모두가 누구나 똑같이 노력하면 서울대를 갈 수 있고 삼성전자를 입사할 수 있고 성공할 수 있다는 말인가? 그건 꼭 실력이 있어서만이 가능한 게 아님을 살아 본 사람들은 다 알 것이다.

그래서 필자는 폐업 이후 나의 인생을 천천히 리뷰해 보았다. 내가 무엇을 잘했고, 무엇을 잘 못했는지, 또 지금의 내가 무엇을 잘하고 무엇을 잘 못하는지, 내가 무엇을 좋아하고 무엇을 싫어하는지 등에 관해서 말이다. 그러다보니 참 신기한 게 내가 잘 못하고 싫어하는 게 명쾌해지면서 마음을 내려놓는다는 느낌이 들기 시작하였다. 즉, 욕심이나 집착이 아니라 내가 잘 할 수 있는 분야, 내가 하고 싶은 분야가 떠오르기 시작했다는 것이다. 아니 그 분야들이 내게 다가오기 시작했다는 표현이 오히려 정확할 것 같다. 필자는 현재 모 교육컨설팅 회사에서 근무하고 있다. 어떤 분은 이렇게 생각하실지도 모르겠다.

"음, 역시 폐업한데는 뭔가 믿는 구석이 있었어."

그러나 이 일은 너무나 우연찮게 다가왔고, 결코 쉽지 않은 조건 속에서 시작하게 되었다. 하지만 나는 이 일을 계기로 50대 이후, 세컨라이프에 대한 명쾌한 비전을 그릴 수 있게 되었다. 그 비전은 바로 강사 CEO가 되는 것이다. 훌륭한 강사 CEO가 되기 위해선 좋은 고객도 만나야 하고 새로운 공부도 많이 해야만 한다. 그런 면에서 이 일은 내겐 안성맞춤이다. 폐업이후, 40대 후반의 외로운 대졸 이혼남은 경제적으로 회복하려면 시간이 다소 걸릴 수도 있겠지만 이렇듯 희망과 비전을 품고 살아가기에 적어도 불행한 사람은 아니라는 생각이 드는데 여러분도 이에 동의하시는지 모르겠다.

지금 창밖엔 여름 장맛비가 한창이다. 지난 겨울부터 시작된 이 글도 성큼 다가온 여름과 함께 마무리 되려나보다. 지난 1월 말 드디어 폐업 신고를 마친 필자는 여행을 떠났다. 언제나 그렇듯 여행은 잠시나마 시간을 멈추게 해주고 삶의 여유를 준다. 또한 오랫동안 못 만났던 친구들, 선후배들, 지인들을 만났다. 모두가 반갑게 맞아주었고 기쁨과 즐거움으로 채워진 행복한 순간들이었다. 내가 손만 뻗으면 언제든지 나를 반겨줄 좋은 친구들이 있음에 새삼 감사했다.

예상 외로 자영업을 시작하고 나서 많은 것을 포기해야 했었다. 좋아하는 취미활동, 운동, 만남들이 그렇다. 그렇다고 많은 돈을 번 것도 아니다. 그렇게만 보면 억울할 수도 있다. 그만큼 우리 사회에서 자영업은 녹록치 않은 세계다. 하고 싶은 것을 다하며 할 수 있는 분야가 결코 아니었다. 그런 나에게 뭔가 선물을 해주고 싶어졌다. 그 시작이 바로 이 책을 집필하는 것이었다.

그렇게 시작된 이 책의 집필은 폐업이후, 홀로서기를 시작한 나에게 좋은 친구가 되어 주었다. 물론 기억하고 싶지 않은 부분에선 화도 나고 힘들기도 했다. 하지만 지난 7년간의 수고가 헛되지 않았음을 세상에 알리고 싶었다. 그리고 위로받고 싶었다. 내가 경험한 시행착오들이 다른 이들에게 조금이나마 도움이 될 수도 있을지도 모른다는 생각에 흥분조차 느꼈다. 그렇다. 나에겐 그 무엇보다도 소중한 스토리가 생겨난 것이다. 스토리가 있는 인생. 멋지지 않은가! 그 스토리는 앞으로도 계속 업데이트 될 것이며 내 삶의 큰 자양분이 될 것이다. 인생을 하프타임이라는 측면에서 보았을 때 나의 전반전은 절반의 성공이라고 자평하고 싶다. 내가 가진 것 보다 더 많은 것을 누리기도 했고, 내가 노력한 것보다 열매 맺지 못한 부분들이 함께 공존했기 때문이다. 감사한 건 아직도 건강한 신체와 긍정적인 마음, 좋은 사람들이 나에게 있다는 것이다. 이렇듯 주변을 둘러보면 감사해야 할 조건들이 참 많다. 그래서 나의 후반전엔 희망이 있다.

개인 사업을 하다보면 부정적인 감정들이 생겨날 때가 참 많다. 미생이라는 드라마 속 표현대로 직장 안의 생활이 전쟁이라면 직장 밖 세상은 지옥이 아닌가? 삶에 있어 가장 해로운 것이 바로 부정적인 마음이다. 부정적인 마음은 다양한 형태로 나를 공격해 온다. 두려움, 열등의식, 우울증…. 그런 증상은 주로 타인의 삶을 바라보며 어쩔 수 없이 비교되는 상황에 놓이게 될 때 더 많이 생겨난다. 그래서 난 얼마 전부터 기도와 수행을 병행했다. 나는 크리스천이지만 몸과 마음을 건강하게 할 수 있는 것이라면 종교성을 배제한 영역에서도 가급적 많은 것들을 공부하고 훈련하고자 했다. 덕분에 힘겨운 시간들을 비교적 지혜롭게 극복하며 살아올 수 있었다.

폐업하기 몇 달 전부터 사람들을 적극적으로 만나기 위해 노력했다. 건강한 인생은 결코 혼자서는 이루어 질 수 없음을 깨닫는다. 그래서 안 나가던 동창모임에도 나가고 동호회에도 가입하여 적극적으로 참여하고 있다. 어쩌면 이러한 노력들이 개인 사업을 하는 사람들에겐 호사처럼 들릴 수도 있겠다. 나 역시 하지 못했던 것들이다. 하지만 어떠한 형태로든 자기 삶에 있어 돈을 버는 행위 이외의 것에서도 기쁨을 누릴 수 있는 페이지를 한두 개 쯤은 꼭 챙기라고 권하고 싶다.

이 책 "자영업뎐傳"은 커피와 카페를 소재로 한 창업과 폐업에 관한 스토리를 담고 있다. 그러나 잘 들여다보면 오늘날을 살아가는 자영업자의 고된 일상의 단면을 보여주고 있기도 하다. 고백하건대, 자영업을 해 오면서 필자는 상식이 통하지 않는 세상 앞에 무기력 할 수밖에 없는 자신을 보며 많이 힘들었다. 그것은 돈을 벌고 못 벌고의 문제와는 별개의 것이다. 어쩌면 그 이상의 것일 수도 있다. 어느덧 우리 사회는 불신의 사회를 넘어 반목과 질시의 사회로 가고 있었고 그 중심에 어느덧 나 자신도 물들어 가고 있음을 발견하고는 개탄스럽기 짝이 없었다. 그래서 더 빨리 폐업하지 못한 것에 대한 후회도 있다. 세상을 바꾸어 가기에 나는 너무나 미약한 사람이었다. 폐업을 전후로 내 마음 속에 찾아든 하나의 메시지가 있다.

"생각하는 대로 살지 않으면 사는 대로 생각하게 된다."

짧지만 강렬함이 묻어나는 메시지였다. 어쩌면 그 메시지는 점점 사는 대로 생각하고 살아가려 하는 속마음이 들켜버린 듯해서 더 뜨끔하게 다가왔는지도 모르겠다. 그러나 다행히 나는 이 책을 써내려가는 과정을 통해 스스로의 삶을 되돌아보고 더 나다운 삶을 살기위한 말 그대로, '생각하는 대로 사는 삶'을 위해 다시금 페달을 밟게 되었다.

나는 이제 이 사회의 책임 있는 일원으로서 좀 더 적극적으로 사회변화에 일조할 수 있는 분야로 경력을 전환하고자 한다. 이를 위해선 많은 준비와 노력 그리고 인내가 필요하다. 그 일은 궁극적으로 사람을 세우는 일이며 동시에 사회를 살리는 일이기도 하다. 그래서 지금은 묵묵히 정진하며 하루하루 열심히 살아가는 데 집중하려고 한다. 바라건대, 이 책이 마중물이 되어 8백만 자영업자를 위해 쓰임 받을 수 있는 기회가 생겨나길 기대해본다. 또한, 준비 중인 다음 저서를 통해서도 다시금 독자들과 호흡할 수 있도록 열심히 준비하고자 한다. 이 책이 나오기까지 진정한 주연들을 꼽으라면 아마도 7년 동안 우리 카페를 찾아주신 수많은 고객들과 직원들일 것이다. 머리 숙여 감사의 말씀을 전하고 싶다. 그리고 언제나 내편이 되어주시는 어머니와 아버지, 그리고 하나님께 사랑한다고 말씀드리고 싶다. 끝으로 책 출간을 위해 함께 고민해주고 교정까지 도와 준 친구 김석희 교수에게 감사의 말을 전한다.

2016년 7월, 박주민

IT AIN'T OVER TILL IT'S OVER

끝날 때까지 끝난 게 아니다

도서출판 이비컴의 실용서 브랜드 **이비락**樂은 더불어 사는 삶에,
긍정적인 변화를 가져다 줄 유익한 책을 만들기 위해 끊임 없이 노력합니다.

원고 기획안 문의 bookbee@naver.com